AF312897

A. LORBERT

LE CANADA

Avec 3 graphiques et 1 carte

PARIS

ÉDITIONS PIERRE ROGER

54, RUE JACOB, 54

1928

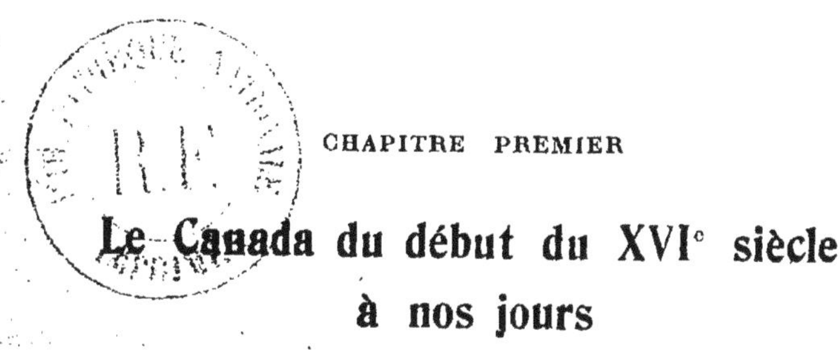

CHAPITRE PREMIER

Le Canada du début du XVIᵉ siècle à nos jours

La période de colonisation française. — Cherchant à l'occident la route du Cathay, l'Anglais Sébastien Cabot avait mouillé en vue du Labrador, et Gaspard Cortereal avait pris pied assez brièvement sur l'île de Terre-Neuve lorsqu'une expédition française, explorant longuement les rivages compris entre la péninsule de Floride et l'estuaire du Saint-Laurent (qui n'était pas encore baptisé), en ramena la première description originale qui en fût donnée. Cette expédition était française parce qu'elle avait été ordonnée et subventionnée par François Iᵉʳ, mais c'était le Florentin *Verazzani* qui la commandait.

Ceci se passait en 1524. Dix années plus tard, une nouvelle expédition quittait la France pour l'inconnu : deux petits navires, soixante hommes d'équipage, commandés par le capitaine malouin *Jacques Cartier*. La subvention qu'elle avait reçue était de 6.000 livres. Avec cette « puissance de moyens », elle découvrit, en partant des Terres-Neuves, le Labrador, « Terre de Caïn » et la « Baie des Chaleurs », dont les richesses sylvestres provoquèrent l'admiration des équipages qui en faisaient partie.

Les Français revinrent l'année suivante dans ce qu'ils croyaient être l'Asie, et Jacques Cartier osa s'avancer plus à l'ouest. Après avoir découvert l'île d'Anticosti, il remonta le Saint-Laurent, avec cinq galions jusqu'à *Stadacené*, aïeule de Québec, puis, en barque, jusqu'à Hochelaga, village de Hurons, sur l'emplacement de quoi fut édifié ultérieurement Montréal. Ce furent des heures d'enthousiasme; les nouveaux territoires paraissaient très riches, notamment en maïs, « ce blé d'Inde qui est devenu la principale céréale américaine [1] ». Les populations indiennes, séduites par la manière française, se montraient cordiales et affectueuses et se lançaient à perte de vue dans des descriptions merveilleuses d'un pays qui se trouvait à quelques jours plus à l'ouest et qui se nommait le *Saguenay*.

Après un hiver désastreux (1535-1536), Jacques Cartier regagna la France. Il revint en 1541 à la tête de quelques centaines de volontaires pour tenter d'atteindre le Saguenay, mais de graves déceptions l'attendaient; l'hiver 1541-1542 fut encore plus terrible que l'autre, les indigènes, qui ne lui avaient pas pardonné l'exhibition de leurs chefs en France, se montraient moins bien disposés, presque hostiles. Le choix du capitaine de guerre de l'expédition : Roberval, fut pour beaucoup dans l'échec de celle-ci; bref Cartier échoua et c'en paraissait fait de l'influence française sur les territoires riverains du Saint-Laurent si, en 1603, de Chastes n'y avait envoyé *Samuel Champlain*, gentilhomme saintongeais, et *Pontgravé*. Ils atteignirent Tadoussac au confluent du Saguenay et du Saint-Laurent et y fondèrent un dépôt de pelleteries; puis, se rendant compte de la réalité des richesses que Jacques Cartier avait dépeintes (poissonneries, forêts [2]), entreprirent de coloniser systématiquement ce que l'on nommait alors *la Nouvelle-France*.

En 1604 eut lieu le premier envoi de colons en *Acadie* (Nouvelle-Ecosse actuelle), sous le commandement de *Champlain* et de *Pontricourt; Port-Royal* fut fondée en 1605 [3], *Québec* en 1608. Les années 1609 et 1610 furent marquées par des combats victorieux contre les Iroquois, lors de la découverte par Champlain des lacs Ontario et Champlain, puis arrivèrent successivement des Pères Jésuites : des Récollets, qui évangélisèrent les tribus indiennes. Des écoles se fondèrent à Tadoussac (1616), puis à Trois-Rivières (1634), dès après la fondation de ce poste.

---

1. Édouard Herriot. *Au Canada.* (*L'Exportateur français* du 8 novembre 1923.)

2. Samuel Champlain dressa, en 1603, une carte du Saint-Laurent jusqu'à Sault-Saint-Louis.

3. Ce fut le premier établissement français, fondé en même temps que le premier établissement anglais des États-Unis : Jamestown en Virginie.

En 1627, la Compagnie de la Nouvelle-France, dite « des Cent Associés », obtint le privilège exclusif de la traite des pelleteries, à charge pour elle d'envoyer au Canada mille six cents familles en quinze ans et d'entretenir à ses frais les missionnaires. Québec, pris en 1629 par les frères Kirke à la France, lui fut rendu en 1632 par le *traité de Saint-Germain-en-Laye*, en même temps que Champlain, qui avait été fait prisonnier.

Le « Père de la Nouvelle-France » mourut le 25 décembre 1635, tandis qu'il revenait avec deux cents paysans français. Animés d'une foi intense qui leur faisait braver et l'idée de martyre et le martyre lui-même, les religieux, sans cesse renforcés de nouveaux arrivants, allaient continuer son œuvre. Se substituant aux soldats, ils constituèrent les éléments avancés dont l'action allait permettre notre progression. Après avoir fondé, à Québec, un collège et un asile destiné aux Indiens convertis, ils partirent vers les Grands Lacs. La période de gouvernement de *M. de Montmagny* (1636-1648) fut marquée par : la fondation de *Ville-Marie* qui devint par la suite *Montréal*, la substitution de la « Compagnie des Habitants » à celle « des Cent Associés », l'arrivée des premières congrégations féminines, la conclusion d'un traité de paix avec les Iroquois, les Algonquins et les Hurons, la découverte du lac Saint-Jean.

Payant de leur personne et souvent de leur vie dans leur œuvre colonisatrice, les Jésuites représentèrent bientôt une force au moins égale à celle des gouverneurs, qui avaient, depuis 1663, le titre de *vice-rois*. Parmi ceux-ci, dont beaucoup étaient des administrateurs remarquables, figure au premier plan *M. de Frontenac* [1], dont le souvenir est encore des plus vivaces. Ce fut sous son vice-règne que partirent de la mission jésuite de Sault-Sainte-Marie les explorateurs de la vallée du Mississipi [2], dont les efforts devaient trouver leur couronnement dans la formation de la Louisiane. A l'opposé de ce qui se passait dans la zone anglaise de la côte de l'Atlantique, il ne manquait qu'une chose aux immenses territoires découverts : des colons. Malgré des envois de soldats (en particulier du régiment de Carignan en 1635) et

1. Il fut gouverneur de 1672 à 1682 et de 1689 à 1698.
2. Voir du même auteur et dans la même collection : *Les États-Unis.*

de jeunes filles accompagnées de religieuses [1], envois desquels on avait attendu des conséquences matrimoniales qui ne se réalisèrent point, on ne comptait guère en 1691 que 12 431 Français au Canada et 2 000 en Acadie.

En 1697, le *traité de Ryswick* rendit à la France la baie d'Hudson. Le pays occupé était couvert d'une véritable floraison de couvents, d'hôpitaux, d'églises qui furent les premiers sanctuaires de cette *Eglise canadienne* dont *Mgr Laval* fut le premier évêque. Le territoire était divisé en grandes seigneuries que le Roi avait concédées, partie aux communautés religieuses, partie aux nobles (principalement officiers) qui avaient consenti à s'expatrier; ces seigneuries étaient soumises à un droit seigneurial qui rappelait beaucoup le droit féodal français; elles étaient délimitées suivant la « configuration du sol ». Il y en avait soixante-dix-sept en 1712, à leur tête se trouvaient des hommes qui portaient des noms illustres; telle fut l'origine de cette noblesse canadienne qui a donné au Canada tant de gloires et de tous genres.

Malheureusement, faute de bras, la culture était peu développée, les seigneurs lui préféraient « la vie libre des bois, la chasse, l'exploration et le trafic des fourrures [2] », bien que celui-ci fût prohibé depuis qu'il était devenu monopole d'Etat. Les ressources de ce monopole étaient le plus clair de ce que la colonie rapportait au royaume de France. En 1701, un grand traité de paix avait été signé entre les Indiens et les Français, la période de calme relatif qui en résulta fut mise à profit par nos explorateurs pour pousser plus loin vers l'ouest leur progression; le plus audacieux d'entre eux fut *de la Vèrendrye* qui découvrit les lacs des Bois et Winnipeg (1731-1733). Son fils, suivant l'exemple paternel, atteignit la source du Missouri et les Montagnes Rocheuses.

La Nouvelle-France en lutte contre les Anglo-Américains. — Cependant, la France et l'Angleterre étant en guerre, les hostilités devaient s'étendre à l'Amérique, où voisinaient côte à côte

1. C'étaient les « Filles du Roy ».
2. *Le Canada, empire des bois et des blés*, par A. G. Bradley. (Roger et C¹ᵉ.)

des colonies françaises et anglaises. Le belliqueux Massachusetts menait la danse, tantôt soutenant les Iroquois qui campaient au sud du lac Ontario et du Saint-Laurent, tantôt agissant directement contre nos villes et nos forts.' En 1690, on s'était déjà battu devant Port-Royal et devant Québec; en 1710, Port-Royal fut repris et une flotte anglaise parut devant le Saint-Laurent. Les colonies françaises parvinrent à rétablir leurs frontières, et pourtant le *traité d'Utrecht* ravit à la France, en 1713 : Terre-Neuve, la Baie d'Hudson, l'Acadie, sans imposer de limites à l'hinterland de ces deux dernières acquisitions. Aussitôt après ce traité, les Français, pour surveiller l'entrée du Saint-Laurent, construisirent *Louisbourg* (au cap Breton ou Ile Royale) dont les fortifications coûtèrent 30 millions. De même que la guerre de Succession d'Espagne, celle de Succession d'Autriche fut un nouveau prétexte à conflit. Les Anglais d'Amérique montèrent une grande expédition contre Louisbourg qui fut pris et que la flotte d'Anville ne parvint pas à reprendre, mais à la *paix d'Aix-la-Chapelle*, en 1748, Louisbourg et le cap Breton, malgré l'opposition des gens de Boston, furent rendus à la France. Ce fut alors qu'en 1749 six cents familles anglaises, débarquant en Acadie, sous le commandement de lord Halifax, y fondèrent le port auquel fut donné le nom de leur chef. Telle fut l'origine de la Nouvelle-Ecosse.

Le dernier vice-roi du Canada fut *M. de Vaudreuil.* En 1754 commença la lutte suprême entre ces voisins qui ne pouvaient s'entendre. L'Amérique du Nord devint un théâtre secondaire d'opérations de la guerre de Sept ans. Les hostilités commencèrent en 1755 : l'amiral anglais Boscawen, sans aucune déclaration de guerre, s'empara de deux frégates de la flotte de Dieskau dans l'estuaire du Saint-Laurent. Vainqueurs à la *Monongahela* (Dumas contre Braddock), les Français furent vaincus devant les forts Gaspareaux, Beauséjour, Edouard. En 1756, Duquesne fut remplacé par Montcalm qui arriva en même temps que Lévis, Bourlamaque et Bougainville. Actif, énergique, le nouveau général en chef français leva tout ce qu'il put trouver de colons valides et d'Indiens, et attaqua aussitôt. Il progressa tout d'abord de façon notable au sud du Saint-Laurent, s'emparant d'Oswego sur le lac Ontario et poussant sa défense jusqu'au fort de William Henry, au sud du lac Champlain (1757).

Mais la bravoure légendaire de Montcalm ne pouvait suppléer à l'insuffisance du nombre (les Canadiens français n'étaient que soixante mille, malgré le solennel *Crescite et Multiplicite* qu'avait, quatre-vingts ans auparavant, lancé Louis XIV), et des moyens mis à sa disposition (Choiseul avait décidé d'abandonner les colonies à elles-mêmes). Au contraire, les colonies anglaises, qui avaient réussi à se mettre pleinement d'accord, trouvèrent un auxiliaire ardent et précieux dans la personne de William Pitt, qui était résolu à supprimer la Nouvelle-France pour assurer leur avenir. En 1758, les Anglo-Américains furent 45 000 (dont 22 000 soldats réguliers) tandis que les troupes blanches dont disposait Montcalm atteignaient péniblement l'effectif de 5 000 hommes. Il perdit successivement l'île Royale (île du Cap-Breton) avec Louisbourg, l'île Saint-Jean (île du Prince-Edouard), Fort Frontenac et Fort-Duquesne, c'est-à-dire toute la vallée de l'Ohio et parvint, au prix de prodiges sans nom, à se maintenir à *Ticondéroga*, sur la vallée du Richelieu, commandant la route de Saint-Laurent (1758). L'année suivante, les Anglo-Américains furent encore plus nombreux (Montcalm ne disposait plus que de quelque trois mille réguliers); ils attaquèrent simultanément en trois colonnes, par les lacs, la vallée du Richelieu, et le bas Saint-Laurent. Ce fut à cette dernière, commandée par le général *de Wolfe*, le vainqueur de Louisbourg, qu'appartint la décision. Elle s'avança appuyée par la flotte de l'amiral Saunders et vint mettre le siège devant les *lignes de Beauport* qui s'étendaient au nord de Québec, entre le Saint-Charles et les chutes de Montmorency. Montcalm croyait sa position inattaquable par le sud, où les *Rochers d'Abraham* plongent à pic dans le Saint-Laurent. De Wolfe les fit escalader par ses troupes pendant la nuit; la bataille suprême fut acharnée, les deux généraux furent tués, mais la victoire appartint aux Anglais (13 septembre 1759). Québec capitula cinq jours après. L'ultime résistance, conduite par M. de Vaudreuil et Lévis dans Montréal, prit fin le 8 septembre 1760. La capitulation eut lieu aux conditions suivantes : tous les postes français devaient être livrés aux Anglais, les Canadiens conservaient leur religion, leurs lois et leurs propriétés; les troupes françaises seraient rapatriées aux frais de l'Angleterre. *Ce fut la fin de la Nouvelle-France et de l'Amérique française,* fin consacrée en 1763 par le *Traité de Paris.*

La période anglaise de gouvernement absolu. — Dès la capitulation, les Anglais instaurèrent dans leur nouvelle acquisition le régime militaire; toutes les affaires, tant civiles que criminelles, étaient jugées par des officiers. Après la signature du traité de Paris, le Canada fut démembré; le Labrador et l'île d'Anticosti furent annexés à Terre-Neuve, le Cap-Breton et l'île du Prince-Edouard à la Nouvelle-Ecosse, le pays au sud des Grands Lacs fut adjoint aux colonies américaines. Les lois françaises furent abolies, et le serment du *test* imposé.

Le gouvernement absolu n'agréa ni aux sauvages qui se révoltèrent contre les nouveaux maîtres du pays, ni aux Franco-Canadiens (Canadiens de souche française) qui firent entendre à Londres leurs protestations véhémentes. En 1774, l'*Acte de Québec* y apporta des adoucissements. Par cet acte, le serment du *test* fut aboli, les lois civiles françaises rétablies; il créait un Conseil législatif de dix-sept à vingt-trois membres, assurait aux catholiques le libre exercice de leur religion, mais maintenait l'abolition de l'ordre des Jésuites et la confiscation de leurs biens qui avaient été décidées en 1773 [1].

Lorsque survint la guerre d'Indépendance, le Canada reçut des sujets anglais qui vinrent s'y réfugier pour ne point être mêlés à la lutte contre la métropole. Les uns étaient volontaires, les autres proscrits, ils étaient cinquante mille qui s'intitulèrent *Loyalistes.* Vingt-cinq mille d'entre eux se fixèrent au nord de l'Ontario, où ils fondèrent les établissements d'où sont sortis Kingston, Niagara, Toronto; les autres se répartirent entre les cantons de l'Est, la Baie des Chaleurs et les provinces maritimes. L'offensive des « insurgents » sur le Saint-Laurent se traduisit finalement par les échecs de Montgommery et d'Arnold devant Québec (1775-1776).

En 1783, après la signature du Traité de Versailles qui assurait officiellement l'indépendance des Etats-Unis, le commerce des fourrures fut confié à la Compagnie du Nord-Ouest. La popu-

1. En outre, la province du Canada atteignait les fleuves Ohio et Mississipi.

lation totale du Canada était alors de 113 012 habitants. Samuel Hearne en 1769 et Alexander Mackenzie en 1789, tous deux envoyés par la Compagnie de la Baie d'Hudson dans l'océan Glacial, explorèrent une large zone au sein de laquelle ils découvrirent et étudièrent le cours des rivières qui portent actuellement les noms de Coppermine et de Mackenzie.

La période de gouvernement constitutionnel. — Où les premiers administrateurs : les Amherst et les Murray, avaient échoué, il était réservé de réussir à *Carleton*, fidèle interprète auprès du gouvernement anglais de l'âme canadienne. Carleton, qui avait été gouverneur de 1766 à 1778, revint en 1786 avec le titre de *Lord Dorchester*; son retour marqua le début du gouvernement constitutionnel.

Il s'était rendu compte que les Franco-Canadiens, qui n'avaient pas marchandé leur concours lors de la défense de Québec, dans laquelle une égale haine des Bostoniens [1] les avait unis aux loyalistes, méritaient les manifestations d'une reconnaissance officielle. Le Canada fut divisé en deux parties : le *Bas-Canada* (Canadiens français) et le *Haut-Canada* (Loyalistes), ayant chacune deux Chambres; l'usage des deux langues fut admis dans les débats parlementaires et la rédaction des procès-verbaux du Bas-Canada. Ce fut l'*Acte Constitutionnel de 1791*.

Les successeurs de lord Dorchester furent moins avisés que lui : *Robert Prescott* s'opposa à l'érection de nouvelles paroisses catholiques (1798), *Milnes* s'empara des biens des Jésuites (1800) et fonda, sous le nom d'Institution Royale, des écoles dont il attendait l'anglicisation des Canadiens-Français (1801). Sous l'administration de Dunn (1805-1807), les Anglais fondèrent un journal : *le Mercury*, les Franco-Canadiens ripostèrent par la création du *Canadien*, qui avait pour devise : « Nos institutions, notre langue et nos lois. » Sous *Craig*, le conflit entra dans une phase aiguë dont le gouvernement pensa se tirer en dissolvant la Chambre et en saisissant les presses du *Canadien* (1809); les députés de la Chambre dissoute furent réélus. Le gouverneur prétendit soumettre la nomination des prêtres catholiques à l'agrément

1. Ils avaient repoussé des offres d'alliance venues de Philadelphie.

du roi d'Angleterre; Mgr Plessis, onzième évêque de Québec, s'y opposa.

Ce fut alors, au moment où l'union entre colons voisins paraissait des plus compromises, qu'une nouvelle attaque venue du sud la réalisa de nouveau. En 1812, les Américains, qui avaient envahi le Canada, furent repoussés à Detroit, Queenstown et Buffalo; en 1813, leur général Hampton et ses sept mille hommes furent vaincus à *Châteauguay* par les trois cents Canadiens de *Salaberry*; en 1814, les Canadiens furent de nouveau vainqueurs à Lacolle et à Lundy's Lane. Le *traité de Gand* rétablit le *statu quo* territorial, sauf sur les frontières du Maine qui furent rectifiées plus tard par le *traité d'Ashburton* (1842).

La paix faite, chacun reprit ses positions. L. J. Papineau, nommé en 1815, à vingt-neuf ans, président de l'Assemblée législative, alla à Londres en 1822, appuyé d'une requête qui portait soixante mille signatures, protester contre un projet d'union dont on avait eu connaissance et par lequel les Franco-Canadiens étaient nettement défavorisés. Représentant alors près des cinq septièmes de la population globale du pays (à l'exception des indigènes), ils n'entendaient pas faire figure de parents pauvres; l'année 1834 fut celle des quatre-vingt-douze résolutions dans lesquelles ils résumèrent leurs griefs, elle fut le prélude de la guerre civile.

Celle-ci devait durer quatre ans et être marquée par de sanglants épisodes : massacres de Saint-Eustache (1837), exécutions de prisonniers ordonnées par Sir Colborne en 1838. Ces mesures sévères de répression furent réprouvées par l'Angleterre qui avait à cette époque un gouvernement libéral. *Lord Durham* fut envoyé en mission d'enquête. Il conseilla une large amnistie et l'établissement d'un régime parlementaire avec un ministère pris dans la majorité de chaque Assemblée locale; le gouvernement proposa un bill d'union afin de ne pas laisser la province française livrée à elle-même.

La période de l'Union. — En 1840, la population du Canada était de 1 500 000 âmes dont 700 000 Canadiens. Ce fut alors que la reine Victoria sanctionna le *bill d'Union*. La langue anglaise devenait la langue officielle des débats parlementaires. Le siège du gouvernement fut d'abord Kingston, puis Montréal, puis il fut décidé qu'il se tiendrait alternativement dans la capitale du Haut-Canada : Toronto, et dans celle du Bas-Canada : Québec; enfin, en 1857 il fut fait choix pour lui d'une ville située à peu près à égale distance de Toronto et de Québec : *Ottawa*.

La tenure seigneuriale fut abolie par le Parlement en 1854 et remplacée par le payement d'une rente foncière peu élevée et que les redevables possédaient en outre la faculté de racheter. Le Conseil législatif de l'Union devenant électif, il se fonda deux grands partis politiques : les libéraux et les conservateurs, avec lesquels les Franco-Canadiens conclurent des alliances d'opportunité suivant leurs desiderata. Puis les deux Canadas trouvèrent une cause d'union dans leur ardent désir commun d'autonomie; leurs vieilles rancunes contre les Etats-Unis étant tombées dans l'oubli, ils prêtaient une oreille favorable aux offres d'entrer dans la Confédération que leur adressait le gouvernement de Washington. La Couronne anglaise, sentant que sa possession d'outre-Atlantique allait lui échapper, adopta, en 1867, après approbation du Parlement, un projet de Confédération qui avait été élaboré en 1864 à Québec, dans une conférence interprovinciale présidée par *sir Etienne Pascal Tasché*. Ce fut l'*Acte de l'Amérique britannique du Nord*.

La période de la Confédération. — Cette Conférence interprovinciale était tenue entre le Haut et le Bas-Canada, et trois « provinces maritimes » : Nouveau-Brunswick, Nouvelle-Ecosse, la troisième étant l'île du Prince-Edouard. Aux termes du pacte de Confédération, *le Bas-Canada devenait province de Québec et le Haut-Canada province d'Ontario; l'ensemble des provinces signataires prenait le titre de « Dominion of Canada »* (Puissance du Canada), le français devenait, au même titre que l'anglais, langue officielle pour les délibérations parlementaires et les documents fédéraux (art. 133 de l'acte).

Le reste de l'immense pays avait été concédé à la Compagnie de la Baie d'Hudson qui se contentait d'exploiter sans coloniser; un des premiers actes de la Confédération fut de se faire donner toute la partie nord-ouest de ces vastes territoires. Elle l'obtint moyennant une indemnité qu'elle versa à la Compagnie. **Dans** toute cette bande de terre voisine des États-Unis, les colons trouvaient des possibilités de culture analogues, ils y affluèrent. Ainsi se créa le territoire du *Manitoba*, qui fut bientôt couvert de champs de céréales.

Pendant ce temps, à l'extrême ouest, les colons anglais de *l'île de Vancouver*, isolés de toutes parts, avaient pris pied sur le continent voisin. Ils y trouvèrent une riche région minière dont ils commencèrent l'exploitation et qui devint, sous leur impulsion, la *Colombie britannique*.

Le Manitoba et la Colombie britannique ne pouvaient manquer de subir l'attraction de la masse qui se créait à l'est. Le premier obtint rang de province en 1870 à la suite de la révolte des métis français de la Rivière Rouge, conduits par *Louis Riel;* la Colombie britannique y mit plus de formes, il fallut lui promettre que l'une des voies ferrées dont les provinces de l'Est se couvraient depuis 1851 serait poussée jusqu'à son territoire. En 1873 l'île du Prince-Edouard entra à son tour dans la Confédération.

En 1880 le Canada se vit annexer toutes les possessions de l'Amérique britannique du Nord, moins Terre-Neuve. Depuis lors rien n'est venu arrêter dans son développement cette jeune nation, faite à l'origine de ce que deux grands peuples possédaient de plus solide : leurs ruraux. Les Canadiens ont eu l'apaisement de voir unies — dans la dernière guerre — leurs anciennes mères patries; le concours qu'ils leur ont apporté de grand cœur [1] n'en a été que plus unanime, et, si la province de Québec a conservé une grande partie des traditions et des respects qu'y semèrent ceux qui vinrent la fonder, elle n'en est demeurée que plus près de la France idéale, celle que nous aimons et qui se retrouve toujours, quand besoin est.

La Constitution de 1867 et la vie politique du Canada. — La Constitution de 1867 a confié le gouvernement du Dominion à un gouverneur général qui a le droit de *veto*, mais ne l'exerce jamais. Il a le titre de commandant en chef.

Le pouvoir est exercé par un Conseil des ministres comprenant une proportion déterminée de Franco-Canadiens; ils sont seize [2],

1. Le Dominion a jeté dans la bataille 458 218 hommes et a eu 55 000 morts.
2. Un premier ministre, secrétaire d'État pour les Affaires étrangères ; un

dont un premier ministre et trois ministres sans portefeuille; les ministres sont responsables devant les deux Chambres du Parlement fédéral. Celles-ci se composent : d'un Sénat de 99 membres [1] nommés à vie par le gouverneur général, et portant le titre de *The Honourable* (L'Honorable); d'une Chambre des communes de 245 membres [2] élus au prorata de la population (Ontario : 82 membres; Québec : 65 membres).

La lutte pour la prédominance de l'une ou l'autre race se fait maintenant pacifiquement les jours d'élection, à coups de bulletins de vote; elle est un des puissants mobiles de l'importante natalité que nous indiquerons ultérieurement.

Chaque province a à sa tête un lieutenant-gouverneur nommé par le gouverneur général qu'il représente, et s'administre elle-même suivant sa constitution propre. (Voir Appendice : La Vie publique.)

Les cultes. — Les catholiques romains qui étaient, au recensement de 1921, 3 383 663, sont en écrasante majorité dans la province de Québec (2 019 518 sur 2 361 199 habitants) unis autour de leur clergé qui a conservé les plus belles traditions de l'époque héroïque des de Laval, des Humbert et autres grands prélats français. Venaient ensuite : 1 408 812 presbytériens, 1 407 959 anglicans et 1 158 744 méthodistes, représentant dans l'Ontario près de deux millions de protestants. Cependant, depuis ces dernières années, les gains des catholiques franco-canadiens dans l'Ontario ont été notoires. « Ils ont, a dit tout récemment Mgr Baudrillart en revenant de son voyage dans les centres catholiques du Canada oriental, réussi à s'y infiltrer et l'on doit désormais compter avec eux. » Et l'illustre prélat ajoute cette observation toute personnelle : « J'ai d'ailleurs beaucoup apprécié, lors

---

ministre des Chemins de fer et Canaux; un Postmaster général; un ministre de la Démobilisation et de l'Hygiène ; un ministre de la Justice et Attorney général ; un ministre des Finances et du Commerce ; un ministre de l'Intérieur et des Mines ; un ministre de la Colonisation et de l'Immigration; un ministre de l'Agriculture; un ministre des Travaux publics et du Travail ; un ministre de la Défense nationale ; un ministre de la Marine et des Pêcheries; un ministre des Douanes et des Impôts..

1. Primitivement 78.
2. Primitivement 181.

de mon séjour à Toronto... qui était longtemps demeurée la citadelle de l'esprit anglais et du protestantisme... la largeur d'esprit et le libéralisme des autorités protestantes. »

C'est un signe des temps. Chaque jour scelle un peu plus l'union des deux races, des deux religions, des deux langues et le désir d'hégémonie qui peut subsister, tout en se manifestant de la manière la plus pacifique, n'a qu'un heureux effet : celui de créer la plus salutaire des émulations.

Une infinité d'autres sectes, dérivant pour la plupart du protestantisme, sont représentées au Canada et y ont leurs fidèles adeptes; il y avait même, en 1921, 19 656 Mormons.

L'instruction publique. — Pour nous faire une idée exacte de ce que peut être l'instruction publique dans un pays bilingue, bireligieux et à deux tendances raciques, comme le Dominion, examinons comment les choses se passent dans la province de Québec.

On y compte trois catégories d'écoles : d'enseignement primaire, d'enseignement secondaire et d'enseignement supérieur. Les institutions qui ne sont pas comprises dans l'une quelconque de ces rubriques sont des écoles spéciales d'enseignement technique ou professionnel.

L'enseignement primaire comprend, s'il est catholique, deux degrés : écoles élémentaires et complémentaires (académies); s'il est protestant, trois degrés : écoles élémentaires, écoles intermédiaires et académies (High Schools). Il est libre, mais bilingue. L'enseignement secondaire comprend les collèges classiques, collèges de garçons et collèges de filles auxquels il y a lieu d'ajouter approximativement deux cents couvents. L'enseignement supérieur comprend les universités et les « Colleges of Higher Education ».

Les universités comprennent généralement cinq facultés : arts, droit, théologie, sciences médicales [1] et sciences appliquées [2]. Il y a des universités et collèges d'enseignement supérieur :

Dans l'Alberta, à Edmonton;

1. Médecine, science vétérinaire, chirurgie dentaire, pharmacologie et hygiène.
2. Architecture, mécanique, génie civil, minier ou forestier, chimie, arpentage, électricité, métallurgie.

Dans la Colombie britannique, à Vancouver;
Dans le Manitoba, à Winnipeg;
Dans le Nouveau-Brunswick, à Frédéricton, Sackville et Saint-Joseph;
Dans la Nouvelle-Ecosse, à Antigonish, Halifax et Wolfville;
Dans l'Ontario, à Guelph, Kingston, London, Ottawa et Toronto;
Dans l'île du Prince-Edouard, à Charlottetown;
Dans la Saskatchewan, à Saskatoon;
Dans Québec, à Montréal et Québec.

Les Universités de la provinces de Québec sont celles de Laval et de Montréal, catholiques, de McGill et Bishop, anglicanes. L'Université de Montréal, fondée en 1852 en face de l'Université McGill et admirablement outillée, est, suivant le mot de Mgr Baudrilart, « une avant-porte de la civilisation française ».

Nombreux sont, à côté des universités, et comme aux Etats-Unis, les *Business Colleges*. En tête et de loin vient l'Ecole des Hautes Etudes commerciales de Montréal, fondée en 1907, sorte de Faculté supérieure du commerce, destinée à donner aux jeunes gens qu'attire le commerce, les connaissances requises par la complexité des affaires modernes.

Montréal a, de même, depuis 1873, une Ecole polytechnique affiliée à l'Université Laval. Nombreuses sont les écoles techniques et naturellement celles d'enseignement spécial : agriculture, laiterie (Saint-Hyacinthe), médecine vétérinaire, etc., ainsi que, pour les femmes et jeunes filles, les écoles ménagères, et de coupe et confection. Le ministère des Terres et Forêts pourvoit au maintien de l'Ecole forestière, de l'Ecole de papeterie, et encourage particulièrement les recherches forestières. Rien n'est épargné pour le développement de l'enseignement et pour son orientation vers toutes les formations utiles à l'avenir du pays : à titre d'exemple, les contributions versées par la province de Québec sont passées de moins de $ 900 000 en 1909 à $ 3 284 953 en 1924.

CHAPITRE II

Le Canada et ses différents aspects

I. — GÉNÉRALITÉS

Le Canada a une superficie de 9 660 000 kilomètres carrés, soit un peu plus de dix-sept fois la France, un peu moins que l'Europe entière. Plus long que large, il s'étend néanmoins entre les 42° et 77° degrés de latitude nord. Ses côtes s'étendent sur trois océans : l'océan Atlantique, l'océan Pacifique et l'océan Glacial du Nord. Sa population était, en 1921, de 8 788 483 habitants; en se basant sur les plus récentes évaluations (1927), il y a tout lieu de supposer qu'elle dépasse actuellement 9 millions et demi d'habitants.

Le Canada comprend actuellement [1] neuf provinces et deux territoires. Ce sont, de l'est à l'ouest :

La Nouvelle-Ecosse (*Nova Scotia*), capitale : Halifax;
L'île du Prince-Edouard (*Prince Edward Island*), capitale : Charlottetown;
Le Nouveau-Brunswick (*New Brunswick*), capitale : Fredericton;
La province de Québec (*Province of Quebec*), capitale : Québec;
La province d'Ontario (*Province of Ontario*), capitale : Toronto;
La Manitoba (*Province of Manitoba*), capitale : Winnipeg;
La Saskatchewan (*Povince of Saskatchewan*), capitale : Regina;
L'Alberta (*Province of Alberta*), capitale : Edmonton;
La Colombie britannique (*British Columbia*), capitale : Victoria;
Les Territoires : du Nord-Ouest (*Northwest Territories*) : Mackenzie, Keewatin, Franklin), et du Yukon (*Yugon Territory*).

1. Depuis le dernier remaniement territorial qui est de 1912.

La province la plus étendue de toutes est la province de **Québec** qui compte, à elle seule, 1 822 460 kilomètres carrés (trois fois la France); la plus peuplée au recensement de 1921 était celle d'Ontario avec 2 933 662 habitants (Pr. Québec, 2 361 199 habitants).

II. — LE CANADA DE L'EST A L'OUEST

Les provinces maritimes. — Le groupe de provinces que l'on appelle *provinces maritimes* comprend *la Nouvelle-Ecosse, l'île du Prince-Edouard et le Nouveau-Brunswick*. Elles sont presque partout entourées d'eau, comprennent de nombreuses îles dont les plus importantes sont l'île du Prince-Edouard et l'île du Cap-Breton; peu s'en faut d'ailleurs que la Nouvelle-Ecosse ne soit une île elle-même, tant le sommet de la baie de Fundy (qui groupait autour d'elle l'Acadie) se trouve rapproché du détroit de Northumberland, par lequel l'île du Prince-Edouard est séparée du continent.

Toute la région (jusqu'à l'estuaire du Saint-Laurent), et même en y comprenant au delà du golfe du Saint-Laurent, Terre-Neuve, Saint-Pierre-et-Miquelon, est recouverte de montagnes qui appartiennent au système des Alleghanys, mais l'altitude de ceux-ci s'y trouve considérablement abaissée, les points culminants ne dépassent guère 1 000 mètres (mont Sutton 3 000 pieds, monts Cohéquid). Du point de vue géologique, on retrouve ici les roches anciennes du type archéen, que l'on rencontre d'autre part dans la partie correspondante des Etats-Unis [1], avec leur complément naturel qui est le charbon (Nouvelle-Ecosse).

La principale rivière de cette zone est le *Saint-Jean*, navigable sur 84 milles environ, dont les chutes réversibles (*Reversing Falls*) sont justement célèbres. Ce sont des chutes qui, normales à marée basse, changent de sens à marée haute, en raison d'une différence de niveau qui se crée alors entre la baie de Fundy [2] et la rivière, celle-là étant supérieure à celle-ci. Avec le pittoresque de leurs vallées poissonneuses, fertiles et souriantes (rivière au

---

1. Voir du même auteur et dans la même collection : *Etats-Unis*.

2. La baie de Fundy est célèbre par ses marées, le flot y atteint en peu de temps 21 mètres de hauteur.

Saumon, rivière de Truro, rivière Memramcook), ainsi que leurs lacs (lacs d'eau douce Folleigh, Shubenacadie, en Nouvelle-Ecosse; lac salé Bras-d'Or dans l'île du Cap-Breton), les vastes et giboyeuses forêts de la Nouvelle-Ecosse et du Nouveau-Brunswick où abondent le chevreuil et l'ours, leurs mines nombreuses, leurs pêcheries littorales, les provinces maritimes sont à la fois belles d'une mystérieuse beauté et riches. La côte de la Nouvelle-Ecosse, surchargée de pommiers, est comme un verger normand qui borderait une zone d'aspect vosgien.

Les villes principales sont : *en Nouvelle-Ecosse, Halifax* (58 372 habitants [1], dont le port est un des quatre premiers du monde), *Sydney*, à l'extrémité de l'île du Cap-Breton (se compose de trois villes, dont une minière, qui ont ensemble environ 38 000 habitants), tout près de ce Louisbourg qui fut si chèrement disputé, et *Glace Bay; dans le Nouveau-Brunswick : Saint-Jean* (47 166 habitants) à l'embouchure de la rivière du même nom, et *Moncton* (17 488 habitants) à qui sa situation en un des points les plus étranglés de la péninsule vaut d'être le point de passage obligé des relations terrestres entre la Nouvelle-Ecosse et le reste du continent : allongée à l'extrême entre le détroit du Northumberland et l'océan [2] *l'île du Prince-Edouard* est toujours ce que Cartier la vit, « une terre basse fort belle à voir, remplie d'arbres magnifiques et de pâturages ». C'est le « Jardin du golfe », en même temps qu'un endroit d'élection pour l'élevage fameux du renard argenté. Charlottetown, sa capitale (ancien Port-la-Joie) a près de 12 000 habitants).

Edmonton sur le Haut-Saint-Jean, *Dalhousie*, sur cette magnifique baie, de 90 milles de long sur 15 à 25 milles de large que Cartier découvrit par un jour très chaud de juillet 1654 et qu'il nomma, en raison de cette coïncidence, Baie des Chaleurs, comptent au nord parmi les dernières villes du Nouveau-Brunswick, et, partant, des provinces maritimes. Bientôt après, c'est la province de Québec.

Le fleuve Saint-Laurent. — Ici il convient d'ouvrir une

1. Tous les chiffres de population urbaine datent du recensement de 1921.
2. Si rapprochés qu'à Summerside, il n'y a entre eux pas plus de 4 milles.

parenthèse et de dire quelques mots du fleuve Saint-Laurent
(*Saint-Lawrence River*) qui possède, dans l'Amérique du Nord
une activité à nulle autre seconde. Il est la grande artère commune aux provinces de Québec et d'Ontario; long de 2 100 milles
il appartient, sur les deux tiers environ de son cours, aux États-
Unis par sa rive sud, au Canada par sa rive nord. Ce partage des
rives commence à l'est de North Lake, sur le lac Supérieur, elle
se termine à la rencontre du 45ᵉ parallèle, à 100 kilomètres
environ en amont de Montréal.

Le Saint-Laurent prend sa source aux États-Unis, quelque part
dans l'Etat de Minnesota; son embouchure ou, plus exactement,
son estuaire est entièrement canadien. D'accès facile aux navi-
gateurs, à ceux d'autrefois comme à ceux d'aujourd'hui, cette
partie a été le berceau de la race franco-canadienne, elle est
maintenant la grande voie commerciale de la moitié sud du pays.

C'est à Duluth que le Saint-Laurent pénètre dans le *lac Supérieur* (87 900 kilomètres carrés); cette immense nappe d'eau douce
se déverse dans le *lac Huron*, qui lui fait suite, par le *Sault-
Sainte-Marie*. Le *lac Huron*, aux contours capricieux, aux eaux
baignant (principalement en bordure de la côte canadienne) de
nombreuses îles, s'indente en une *Georgian Bay* qui reçoit elle-
même, au nord de Key Harbour, l'eau du lac Nipissing. Puis
ce sont les lacs *Erié* et *Ontario* : celui-là à 169 mètres, celui-ci à
72 mètres de niveau, entre lesquels se développent les célèbres
chutes du Niagara qui tombent de 165 pieds de hauteur; la rive
canadienne du lac Ontario, curieusement rectiligne, s'indente à
partir de Trenton, tandis qu'au nord, entre elle et l'Ottawa se
succèdent de nombreux lacs (Muskoka lakes, Simcoe lake, Rideau
lakes).

De Kingston à Brockville, finit la région des Grands Lacs; les
deux rives se rapprochent l'une de l'autre et enserrent de nombreuses îles. Puis, après les îles qui se groupent en amont du
confluent de l'Ottawa et du Saint-Laurent, îles dont l'une contient la ville de *Montréal*, le fleuve prend une largeur moyenne
d'un mille trois quarts. En aval de Sorel, il s'élargit et forme le
lac Saint-Pierre, nappe mesurant 20 milles de longueur sur 9 de
largeur. Il se rétrécit brusquement au *cap Diamant*, à *Québec*, où
il n'a plus que trois quarts de mille de large. Puis, à partir de

l'île d'Orléans, c'est son estuaire qui commence; les deux rives sont distantes de 11 milles l'une de l'autre; elles le seront de 100 milles à hauteur du cap *Gaspé* par le travers de l'île d'*Anticosti*, où l'estuaire devient golfe, derrière la bande constituée par l'île du Cap-Breton, les îlots Madeleine (*Magdalen Islands*) et l'île de Terre-Neuve (*New Foundland*). Dans son estuaire le Saint-Laurent reçoit un grand nombre de rivières venues du nord : la principale est le *Saguenay*, qui lui apporte les eaux du *lac Saint-Jean*.

La province de Québec. — Le Saint-Laurent, avons-nous dit, est la grande artère commune à l'Ontario et à la province de Québec. Cette dernière s'étend du 45e parallèle à 60°40 de latitude nord, et de 57°7 à 79°33'20'' de longitude ouest. Elle est bornée au nord par la baie d'Ungava [1] et le détroit d'Hudson; à l'ouest, par la baie d'Hudson, la baie James, la rivière Ottawa et la province d'Ontario; au sud, par les États de l'Union de : New-York, Vermont, New Hampshire et Maine, par la province canadienne du Nouveau-Brunswick et la Baie des Chaleurs. A l'Est, ce sont le Saint-Laurent et l'Océan Atlantique.

Si, venant du large, et ayant passé Terre-Neuve, on pénètre dans le Canada en général et la province de Québec en particulier, à bord d'un quelconque des magnifiques paquebots du *Canadian Pacific Railway*, on laisse tout d'abord sur sa droite la région dite des *Laurentides*.

Ce sont des chaînes de montagnes primaires (période précambrienne) qui dérivent du fameux « Bouclier canadien ») granits et gneiss de la période laurentienne qui s'étendent sur un espace de 2 millions de milles carrés du Labrador, à l'est, à l'Océan Arctique à l'ouest) en traversant la moitié du continent. Ce « Bouclier canadien » occupe les 14/15es de la superficie de la province de Québec.

Sur ce massif très vieux, les phénomènes glaciaires ont eu une action intense, ils l'ont attaqué, raboté, limé, réduit à l'état de pénéplaine; ils ont découpé dans la côte nord une série d'anses et de baies, et creusé dans le sol un grand nombre de cuvettes

---

1. Depuis la promulgation de la loi dite de l'extension des frontières de Québec, par laquelle lui a été annexé le territoire de l'Ungava.

glaciaires. Les *Laurentides* (ainsi les baptisa Gameau) sont une suite de plateaux et de hauteurs boisées qui constituent presque entièrement la presqu'île du Labrador, elles atteignent de 1 000 à 3 000 pieds au bord du Saint-Laurent qu'elles serrent de très près, et jusqu'à 6 000 pieds au nord.

Entre la chaîne violette des Laurentides au nord et les derniers des Apalaches au sud, le Saint-Laurent ouvre son estuaire immense. Ces derniers Apalaches se nomment *Montagnes Notre-Dame* et *Schickschocks;* ils forment trois chaînes parallèles qui viennent se terminer entre l'estuaire et la Baie des Chaleurs. C'est le *pays de Gaspé*, appelé encore *Gaspésie*, berceau de la Nouvelle-France, où Cartier toucha terre pour la première fois. Mais ce fut aussi à Gaspé que se précisa la menace de Wolfe sur Québec, prélude de la domination anglaise. Le Restigouche, le Matapédia, le Cascapédia, la rivière d'York, sont les cours d'eau riches en saumon et en truite de ce charmant pays, par ailleurs très giboyeux (orignal, chevreuil, ours, etc.). Les villages côtiers sont lieux à la fois de villégiature et de pêche à la morue.

Les Terres-Basses du Saint-Laurent qui entourent l'estuaire sont bornées au nord et en amont de l'embouchure du Saguenay [1] par la bordure sud du plateau laurentien, au sud-est par la grande faille Champlain-Saint-Laurent. Puis, sur le plateau nord, elles ont été surabondamment travaillées par la période glaciaire; les glaciers venaient se terminer à la hauteur du Matapédia et du petit lac qui lui sert de source. Des plages se succèdent le long de la rive sud de la formidable voie d'eau : Mont-Joli, Métis-Beach, Rimouski, Le Bic, Cacouna, Rivière-du-Loup (La Pointe), ce sont des lieux de villégiature très fréquentés.

Sur l'autre rive, c'est le confluent des nombreux affluents du Labrador : Manicungan, Bersimis, Saguenay, etc. Ce dernier voit à son embouchure les deux caps Trinité et Eternité, s'indenter, en haut dans le ciel, en bas dans les eaux du bras de mer. Il tire son importance du fait d'être alimenté par le réservoir du lac Saint-Jean, issu lui-même de la réunion de plusieurs rivières,

---

1. Entre le cap Tourmente et l'embouchure du Saguenay, les Laurentides plongent à pic dans le Saint-Laurent.

dont l'une est cette Peribonka, désormais fameuse depuis que Louis Hémon a situé près d'elle le roman de Maria Chapdelaine.

Voici, à l'embouchure du Saguenay, *Tadoussac* qui fut le premier noyau de la colonie de Québec. *Saint-Félicien, Chambord, Chicoutimi* sont les autres principaux centres du petit bassin (cette dernière ville avait, en 1921, 8 937 habitants).

Cependant, l'estuaire se rétrécit peu à peu, tout en demeurant encore d'une belle largeur. Voici un pont long de 3 240 pieds et qui domine en son centre de 150 pieds le niveau de l'eau : c'est l'un des ouvrages d'art les plus célèbres du monde. Sa travée centrale, longue de 640 pieds et pesant 5 000 tonnes, dut être hissée en place au moyen de barges. Les plus gros paquebots peuvent passer sous lui sans difficulté. Grâce à lui on peut se rendre de Lévis (10 500 habitants), le centre d'affaires le plus important de la rive sud, à Québec, capitale de la « Doulce Province » qui comptait en 1925 avec sa banlieue, 147 713 habitants.

Dans cette Amérique du Nord aux *sky-scrapers* et aux *mushrooms cities*, l'apparition de Québec produit un effet de rare contraste, singulièrement attirant. Il est peu commun de rencontrer, en effet, au pays des gratte-ciel, une cité qui ait autant d'ancienneté, inscrite au fronton de ses monuments historiques, que n'en a Québec. Le touriste y est charmé « de la grâce des clochers transfigurés par les rayons en jets d'argent; par endroits, les murs de vieille pierre sont comme plaqués de porcelaine, tandis que la brique rouge arde comme de la braise... Couronnant tout le promontoire, la citadelle [1] a l'air d'un large chapeau de pierre, ajusté au crâne granitique de la ville de Champlain. A mi-chemin entre la basse-ville et la citadelle, la Terrasse Dufferin offre au promeneur son large trottoir de bois et des échappées grandioses sur le paysage. Plus loin, une rue antique et pleine d'ombre garde, dans son étroite traînée de clair-obscur, un peu de la mélancolie du dernier regard de Montcalm mourant [2]. »

Et voici d'autres scènes empruntées à la même brochure : « Au

---

1. Québec a conservé ses fortifications et sa citadelle, datant dans leur ensemble de 1759-1825. La citadelle notamment a coûté 25 millions de francs.
2. *Québec, la doulce province,* édité par les Canadian National Railways.

fond de la ville basse, la rivière Saint-Charles frissonne sous le soleil. Des profondeurs de Saint-Malo jusqu'aux maisons lézardées de Cap-Blanc, c'est la partie populeuse sise au bas de la longue falaise québecoise, semblable à un tableau de petite ville maritime de France. Formant un angle rentrant, voici la rade où les grands paquebots viennent faire escale sept mois durant, puis, tout à côté, la ville industrielle où travaille une population ouvrière considérable; les rues commerciales avec leurs vastes magasins à rayons, leurs quartiers nouveaux... »

La citadelle domine de 265 pieds le niveau du fleuve; du haut de sa colline le Parlement, lui aussi, commande de vastes horizons, « il est à la fois une œuvre d'art et un résumé d'histoire écrite dans la pierre, sculptée dans le métal, peinte sur des pans de murs ». « La bibliothèque contient les plus riches trésors littéraires du Canada et son musée renferme des curiosités uniques. A côté de l'Université Laval et du vieux séminaire clas-

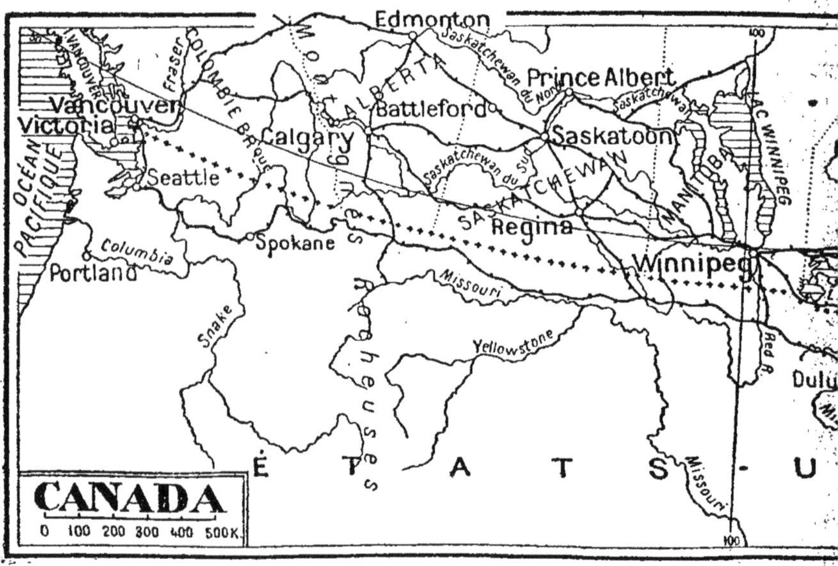

sique, des académies, des couvents, des écoles, des maisons d'éducation sont un peu partout et regorgent d'élèves ».

. Telle est Québec, grand centre intellectuel, religieux et de souvenir français, exempte de cosmopolitisme (la population y est
plus qu'aux neuf dixièmes canadienne française). « Elle unit aux
qualités d'une vieille civilisation, le caractère progressif et indus-
trieux de la nouvelle,... saine, heureuse, honnête et bonne, elle
jouit en paix de la douceur de ses étés et de la clarté joyeuse de
ses hivers. » Les environs de la ville ne manquent pas de grandeur : ce sont surtout Sainte-Anne-de-Beaupré, lieu de pèlerinage
national; Sault-Montmorency, chute magnifique de 265 pieds au
nord-est, la cascade de la Chaudière au sud-est de Québec, etc.

Dans leur partie occidentale, les Basses-Terres du Saint-Laurent
contiennent le troisième groupe de montagnes de la province. A
vrai dire le terme de montagnes peut paraître un peu prétentieux
pour désigner les *hauteurs montérégiennes*, ainsi nommées parce

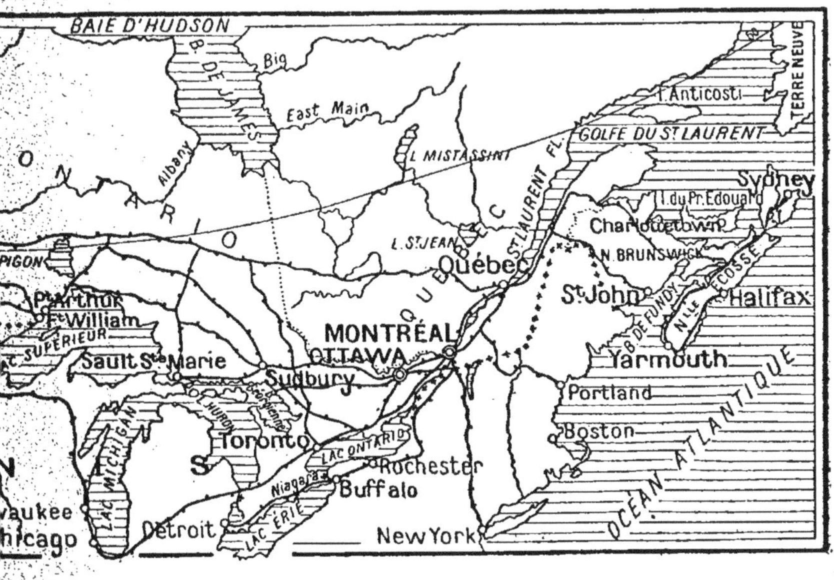

que fait partie de leur système le *Mont-Royal* (769 pieds), à Montréal. Du sommet du Mont-Royal, on peut apercevoir toutes ces élévations dans la plaine qui s'étend à l'est de Montréal, leur point culminant est le Mont Brome (1755 pieds). En amont de Québec les Basses-Terres s'élargissent, c'est là que se sont établis la plupart des habitants de la province. Nulle part les villes ne sont plus rapprochées. Ce sont : au nord du Saint-Laurent, Grand'Mère, Joliette, l'Epiphanie, Shawinigan Falls et surtout *Trois-Rivières* (plus de 30 000 âmes), ainsi nommée à raison de sa situation à la triple embouchure de la rivière Saint-Maurice. Cette ville fut fondée, nous l'avons indiqué, en 1634 par le sieur de La Violette, elle fut de suite un lieu d'échange très fréquenté des sauvages qui y apportaient leurs pelleteries; maintenant accessible, elle aussi, pendant sept à huit mois aux plus gros paquebots, elle est la porte d'entrée d'un vaste territoire particulièrement riche en ressources forestières et minérales. Plus au nord, ce sont : Hervey-Junction sur la rivière Batiscan, la Tuque sur le Saint-Maurice (qui a 350 milles de long et anime des industries papetière et hydro-électrique en progrès constant), Parent où l'on franchit la rivière Gatineau.

Au sud du Saint-Laurent, coulent ces autres affluents du grand fleuve que sont la Chaudière, le Kenebec, le Nicolet, l'Yamaska. Villeroy, Saint-Léonard-Jonction, Sorel, Nicolet, Drummondville et surtout *Saint-Hyacinthe* (12 000 habitants environ), centre manufacturier, sont les agglomérations les plus importantes que l'on trouve dans le voisinage immédiat du fleuve. Un peu à l'ouest de ce dernier centre, après Saint-Laurent, on retrouve un deuxième pont qui, pour n'être pas de l'importance de celui de Québec, n'en a pas moins vingt-quatre piles et une longueur de 1 mille et quart. Il donne accès à *Montréal*.

« Montréal, a dit M. Edouard Herriot, est la troisième ville française du monde. Calcul simple : sur 900 000 habitants, elle compte 600 000 Français. » Les évaluations les plus précises attribuaient en 1925 à Montréal (y compris Montréal-Island, Saint-Lambert, Longueuil, Montréal South), une population de 1 million 33 499 habitants, Montréal présente cette caractéristique d'être un type urbain mixte entre la vieille cité française du dix-septième et la mushroom city américaine; elle est une photographie composite de Québec et de Chicago. Ce fut dans l'île de Montréal que fut fondée Ville-Marie, bourgade de grande activité et de grande foi.

La ville actuelle tend à occuper toute la surface de l'île, « elle s'agrandit de partout à la fois, sauf là où elle rencontre l'obstacle de l'eau et de la montagne. Et encore y a-t-il plusieurs maisons accrochées au flanc du Mont-Royal, et sur la rive du fleuve des usines apparaissant, des noyaux de petites villes se constituent, tel Brooklyn en face de New-York... Montréal doit sa grandeur à sa position géographique. A 1 000 lieues dans les terres, c'est un grand port maritime, le deuxième du continent, le plus grand port intérieur du monde... c'est le point de communication, le distributeur naturel des échanges entre le Canada et l'Europe, et le centre manufacturier par excellence de l'Est canadien ».

Profondément française de caractère et de traditions, Montréal est par contre nettement anglo-saxonne en affaires. Elle est le siège des plus grandes institutions financières du pays et ce n'est pas une des choses les moins curieuses que d'y voir voisiner avec les monuments élevés à la mémoire des hommes du dix-septième siècle (Maisonneuve, Cartier, Dollard) d'autres monuments (colonne Nelson, monuments Victoria et Edouard VII) qu'inspira une pensée nettement dédiée à l'Angleterre. De même ses 2 500 fabriques et usines, ses gratte-ciel, ses nombreux magasins et entrepôts contrastent étrangement avec les 500 églises, chapelles et temples qui lui font parfois donner le nom de « ville aux clochers ». Montréal est aussi grand centre intellectuel.

Devant l'Université anglaise McGill, fondée en 1841, s'est dressée une succursale de l'Université Laval de Québec qui est devenue bientôt si puissante qu'il a fallu lui accorder son autonomie.

Montréal est le nœud de chemins de fer le plus important de tout le Canada. Elle est notamment tête de ligne pour les relations ferroviaires avec les Etats du nord-est de l'Union : Vermont, New Hampshire, Maine, Massachusetts, Connecticut. Les voies ferrées qui assurent ces relations traversent ce que l'on nomme, dans la province de Québec : *les Cantons de l'Est.*

Ces cantons sont nettement différents du reste de la province, et comme origine (ils ont été colonisés par les *United Empire*

Loyalists, ils sont donc de majorité anglaise, bien que l'élément franco-canadien y gagne chaque jour du terrain), et comme ressources (élevage intensif et mines). Les principaux centres en sont : *Sherbrooke* (23 515 habitants en 1921) situé au confluent des rivières Magog et Saint-François; *Lennoxville*, Coaticook, Richmond et *Saint-Jean*, sur le Richelieu (8 000 habitants).

C'est la rivière Ottawa qui sert de limite entre la province de Québec et la province d'Ontario jusqu'un peu en amont de Kerr Lake. A partir de ce point, elle remonte en ligne droite vers le nord jusqu'au fond de la baie James qui constitue l'extrémité inférieure de la baie d'Hudson, englobant encore dans la province de Québec le *Témiscamingue* et l'*Abitibi*.

C'était autrefois une partie des territoires du nord-est. On s'aperçut un jour que cette immense plaine boisée, au sein de laquelle on découvrait chaque jour des mines d'or, coupée de rivières et de lacs, offrait aux colons des ressources agricoles qui demandaient à être mises en valeur. Un mouvement de colonisation se porta sur l'Abitibi, favorisé par l'établissement de la voie ferrée de Québec à Cochrane. Vingt-deux villages se succèdent actuellement de Parent à La Reine, tandis que les défrichements méthodiques augmentent la superficie des terres arables.

On évalue celles-ci à 6 millions d'acres, et ce n'est pas une des choses les moins curieuses de ces dix dernières années que d'avoir vu, jusqu'aux confins de la zone glaciaire, naître cette région de grande culture, nouvelle source de richesse pour le pays.

La province d'Ontario. — La baie d'Hudson au nord, les Grands Lacs au sud, le Manitoba et la Saskatchewan à l'ouest, la Province de Québec à l'est, voilà par quoi est encadrée la *Province d'Ontario* qui couvre une superficie de 1 036 840 kilomètres carrés et avait, en 1925, 3 107 175 habitants.

Moins vaste que la province de Québec, encore qu'elle représente environ deux fois la superficie de la France, elle est néanmoins la plus peuplée du Dominion. En grande majorité anglaise, elle comprend cependant des éléments franco-canadiens importants (300 000 habitants environ) groupés le long de la frontière qui lui est commune avec la province de Québec, et dans certaines zones des districts du Nouvel-Ontario, récemment ouverts à la colonisation.

On peut donc distinguer un *Ontario méridional*, véritable péninsule en eau douce qui n'est reliée au reste du continent canadien que par un seuil terrestre peu large enserré entre le lac Nipissing et la rivière Ottawa, et un *Ontario septentrional* ou Nouvel-Ontario qui comprend tout le reste de la province.

Si, ainsi que nous le montrerons par la suite, la province de Québec (nonobstant la présence de Montréal) est en majorité agricole, l'Ontario méridional est, par contre, soumis à une dominante industrielle. L'abondance des matières premières, les possibilités hydro-électriques (dont une partie d'ailleurs a été réalisée), le voisinage de mines très variées, nombreuses sur tout le territoire de l'Ontario, ont concouru à créer cet état de choses. Le grand nombre des moyens de communication, voies d'eau qui l'enserrent de toutes parts, voies ferrées dont le réseau dense s'est tissé sur les routes de Chicago, de Buffalo et de Détroit, ont fait le reste.

Ottawa comptait, en 1925, 158 165 habitants. La ville est située au confluent de l'Ottawa et de son affluent le Rideau. C'est la capitale fédérale; de la hauteur sur laquelle ont été élevés les imposants édifices du Parlement, on a une vue très étendue sur la rivière et les Laurentides. Les parcs et les promenades publiques n'ont pas moins de 30 milles de longueur totale. L'élément canadien-français y est très important. De nombreuses chutes l'entourent et les industries qui traitent du bois et de ses dérivés y sont en pleine activité.

Mais le principal centre de l'Ottawa est la capitale provinciale : *Toronto* [1], située sur le lac Ontario, non loin des chutes du Niagara qui lui fournissent son énergie électrique. Grande ville d'industrie et d'affaires, pourvue d'un port dont l'extension est l'objet des soucis constants du gouvernement canadien. Toronto atteignait, en 1925, 709 099 habitants de population.

Va-t-on d'Ottawa vers l'ouest en remontant l'Ottawa, on traverse, au confluent de la Rivière-au-Rat-Musqué, *Pembrooke*

---

1. Signifie : lieu de rendez-vous, a reçu son nom en 1834 lors de sa promotion au rang de ville.

(8 ooo habitants environ); puis, sur plus de 8o milles, le *parc Algonquin* qui a une superficie de 2 721 milles carrés.

Ensuite c'est North Bay, dans l'isthme qui s'étrangle entre les deux Ottawa, centre ferroviaire et commercial remarquable aux confins de la région minière (11 ooo habitants). Se dirige-t-on au contraire vers le sud-ouest, les centres importants abondent en bordure ou à peu de distance des lacs : ce sont, autour de l'Ontario, *Kingston* (21 753 habitants), Trenton, *Peterborough* (20 994 habitants), Oshawa, Sainte-Catharine, Niagara et la très manufacturière *Hamilton* (124 947 habitants), entre les lacs Huron et Erié; Kitchener, Stratford, Chatham, Sarnia, Owen Sound, *London* (62 295 habitants), ville industrielle éclose au sein d'un district agricole; *Brantford* (3o ooo habitants), et surtout *Windsor* (85 ooo habitants), la plus importante des villes frontières, qui sont comme la banlieue de Détroit en territoire canadien (Walkerville, Ford City, Ojibway, Sandwich).

Toutes ces villes, dont beaucoup de noms rappellent les sentiments loyalistes et le culte pour l'Angleterre des premiers colons de l'Ontario, sont poussées au milieu d'une zone essentiellement aquatique, faite d'un entremêlement de rivières, de lacs et de canaux, et d'une fertilité qui n'égale que son pittoresque.

Le Nouvel Ontario, bien que cette caractéristique ne puisse le différencier nettement au sein d'un pays qui a tant de rivières et de lacs, est entièrement lacustre. Toutefois, il est beaucoup moins accidenté que les provinces de l'Est et l'Ontario du Sud. Il est comme une zone de transaction entre le relief de la côte Atlantique et la plaine du Centre. Pour la plus grande partie encore recouvert de forêts vierges, il a subi le long des voies ferrées un défrichement qui a permis, comme dans Québec, le développement de villages agricoles. Ses beautés naturelles sont très appréciées des personnes qui aiment joindre aux émotions de la pêche et de la chasse les joies de la vie au grand air. Il a sur les lacs des débouchés importants comme *Fort-William* (20 511 habitants), *Port-Arthur*, les « villes jumelles » et *Sault-Sainte-Marie* (21 092 habitants).

Cochrane, qui en est le grand nœud de voies ferrées (point de départ du *Témiscaming and Ontario Railway* et du chemin de fer qui atteindra prochainement la baie James), est appelée dans l'avenir à un développement certain, ceci d'autant plus que le dernier mot de la prospection minière est encore loin d'avoir été dit. A l'ouest, une série de rivières tributaires de la mer d'Hudson traversent une région où la forêt est dense. Puis c'est le *Nibigami*, « le pays des lacs », qui commence au lac Nipigon et se termine au lac Minaki, tous deux tributaires du lac Supérieur; les nappes d'eau frangées de forêts et ponctuées d'îles s'y succèdent presque sans interruption, comme d'ailleurs plus au nord jusqu'à la baie d'Hudson.

L'île Manitoulin et celles qui, laissant, entre elles et la côte nord du lac Huron, le North Channel, s'allongent entre Sault-Sainte-Marie et Georgian Bay, font, ainsi que l'île de Michipicoten dans le lac Supérieur, partie intégrante du territoire canadien.

Les provinces du Centre. — Entre l'Ontario (dont d'ailleurs l'ouest de la partie septentrionale appartient plutôt à tous égards à leur système) et les Montagnes Rocheuses, qui se prolongent au nord jusqu'à l'Alaska s'étendent les *provinces du Centre* : *Manitoba, Saskatchewan et Alberta.*

Leur ensemble occupe une partie de la plaine qui est la continuation de celle du Mississipi-Missouri et s'étend jusqu'à l'océan Glacial. « Cette plaine, dont la partie septentrionale constitue le territoire du nord-ouest, est le fond d'anciens lacs, le fond surtout de la mer crétacée (mer Agassiz) qui reliait autrefois le golfe du Mexique à l'océan Glacial; rien n'est venu altérer l'horizontalité presque absolue de ces dépôts marins et lacustres depuis leur asséchement. Les pluies, les cours d'eau les ont seulement découpés et les glaciers les ont jonchés de matériaux morainiques [1]. »

Le relief est donc assez uniforme, sauf dans la partie occidentale (Alberta) où il s'élève un peu, progressivement, en bordure des Montagnes Rocheuses. Les nappes d'eau et les cours d'eau sont abondants; les principaux d'entre eux sont : le Nelson, qui collecte, à l'issue de la nappe formée par les lacs Winnipeg,

1. *Les Principales Puissances du monde*, par Fallex et Mairey. (Delagrave, Éditeur.)

Winnipegosis et Manitoba et quelques petits autres d'une superficie de près de 40 000 kilomètres carrés, les eaux des deux Saskatchewan, du Winnipeg, de l'Assiniboine et de la Rivière-Rouge; le Churchill (lacs La Plange, Granville et Indian); la Telzoa, véritable chapelet de lacs, comme les précédents tributaire de la baie d'Hudson dans laquelle elle se termine par le fjord profondément indenté de Chesterfield; le Mackenzie surtout, long de 3 500 kilomètres, qui draine sur son delta tout le système lacustre et fluvial formé par le lac et la rivière d'Athabaska, la rivière de la Paix, le grand lac des Esclaves, la rivière Liard, le grand lac de l'Ours. Avec les partages qui le rattachent aux fleuves voisins, le Mackenzie constituerait une merveilleuse artère, aussi belle que le Saint-Laurent, s'il n'était bloqué sur la plus grande partie de son cours pendant huit mois de l'année (d'octobre à juin).

La partie méridionale de la grande plaine canadienne médiane est d'une merveilleuse fertilité, très semblable d'ailleurs en cela à la zone voisine des Etats-Unis [1]. C'était, il y a soixante années environ, le domaine exclusif de la prairie [2]; depuis, celle-ci a cédé un terrain notable à la grande culture, favorisée par l'extraordinaire qualité du sol. Le chemin de fer a été l'inappréciable instrument de cette transformation.

Le Manitoba. — C'est dans la Saskatchewan et le Manitoba que cette régression a été la plus sensible. Cette dernière province de 648 025 kilomètres carrés de superficie, d'une population de 636 276 habitants, qui n'a de limites naturelles que sur la baie d'Hudson, est si riche en blé qu'elle est considérée à bon droit comme un des principaux greniers de l'univers.

C'est un peu après avoir contourné le lac des Bois que les deux voies ferrées transcontinentales pénètrent sur le territoire du Manitoba. Peu après, elles atteignent la capitale de la province : *Winnipeg*, au confluent de la rivière Rouge et de l'Assiniboine, centre géométrique du Dominion, point de passage obligé de toutes les communications entre l'est et l'ouest. La population de

---

1. Voir « Les Pays modernes » : *Etats-Unis*, du même auteur.
2. Les provinces du Centre sont parfois appelées « Provinces des Prairies ».

Winnipeg, en 1925, a été estimée à 245 444 habitants, la ville a été édifiée sur l'emplacement du Fort-Rouge, construit par de la Vérandrye en 1735, elle jouit, pour la beauté de ses parcs et la largeur de ses rues et de ses avenues, d'une réputation méritée. Elle dispose d'un gigantesque entrepôt à grains d'une capacité de 275 000 quintaux, et, depuis 1910, s'est orientée nettement, pour la transformation des produits du sol et de l'élevage, vers la grande industrie.

Dans le chiffre indiqué ci-dessus est incluse la population de *Saint-Boniface*, 12 821 habitants, située en face de Winnipeg sur l'autre rive de la rivière Rouge et qui est comme un faubourg français de la capitale du Manitoba.

Les autres grands centres de la province, parmi lesquels nous trouvons, détail curieux, une Notre-Dame-de-Lourdes, sont respectivement à l'ouest et au nord-ouest de Winnipeg : *Brandon*, sur l'Assiniboine (15 397 habitants), gigantesque entrepôt de graines de semences; *Portage-la-Prairie* (6 766 habitants), *Le Pas* (2 000 habitants environ), sur le Saskatchewan.

La Saskatchewan. — D'une superficie sensiblement égale à celle de Manitoba, la *Saskatchewan* est plus spécialisée dans la culture du blé. La merveilleuse habileté de son sol à produire cette céréale, complétée par des étés très chauds éminemment propices à la maturation, lui a valu un essor très rapide (elle comptait, en 1925, 762 771 habitants, dont une cinquantaine de mille Canadiens-Français) groupés en plusieurs centres florissants.

Dans sa partie méridionale, la *Saskatchewan* se présente sous l'aspect d'une immense plaine déboisée, légèrement ondulée avec quelques collines isolées et de nombreux bosquets dispersés particulièrement le long des cours d'eau. Le nord, à partir du 53° parallèle, est couvert de forêts et traversé par la rivière Churchill; la partie centrale est arrosée par les deux branches de la rivière Saskatchewan, la partie méridionale par les rivières Assiniboine, Qu'Appelle et Souris.

La capitale provinciale, *Regina* (38 883 habitants en 1925), est majestueusement assise au bord du lac Wascana; *Saskatoon* (31 000 habitants), la deuxième ville de la province, est appelée

à une grande expansion; les autres centres principaux sont :
Moose Jaw (20 000 habitants environ), *Prince-Albert* (10 000 habitants environ), Swift Current, Battleford, Qu'Appelle, Indian Head et Gravelbourg.

L'Alberta. — L'*Alberta* est la troisième et la plus occidentale des provinces des prairies. Sa superficie est un peu supérieure à celle de la Saskatchewan, mais sa population moindre (558 631 habitants en 1925). La zone à céréales y est moins étendue, elle se limite au centre de la province. Le nord est fait de montagnes boisées; le sud, trop sec pour la culture, est demeuré terre d'élevage. Quant à la partie occidentale, plus accidentée en raison de la proximité des Montagnes Rocheuses dont elle est comme le contrefort, elle est exclusivement touristique et suscite communément une admiration qu'elle mérite pleinement, avec ses sites curieux et ses passes, ses sources thermales, ses cascades. La province de l'Alberta, est, de plus, minière, et ce fait constitue pour elle un élément supplémentaire de prospérité.

C'est dans l'Alberta que prennent leurs sources : le Mackenzie et les deux Saskatchewan. La capitale provinciale : *Edmonton* avait, en 1925, 66 660 habitants, elle s'élève sur les deux rives du Saskatchewan du Nord. Il y avait là, à la fin du dix-huitième siècle, deux postes de traite dressés de part et d'autre de la rivière, en face l'un de l'autre, l'un avait été construit par la Compagnie de la baie d'Hudson, l'autre par celle du Nord-Ouest. Edmonton, située au débouché d'une région minière et agricole, est appelée à grandir considérablement dans un avenir prochain et, sans doute, à dépasser la métropole commerciale de l'Alberta : *Calgary*, située au confluent de la rivière Elbow et de cette rivière Bow sur laquelle le Canadian Pacific a édifié à Bassano, aux fins d'irrigation, un gigantesque barrage. Aussi peut-on dire que, comme bien d'autres au Dominion, toute cette région de l'Alberta est presque intégralement création de la puissante Compagnie de transports d'outre-Atlantique.

Calgary a près de 70 000 habitants. A l'est de cette ville de formation toute récente (il n'y avait encore sur son emplacement en 1876 qu'un poste de gendarmerie royale à cheval), *Lethbridge* (15 000 habitants) et *Medicine-Hat* (12 000 habitants) sont des centres déjà importants au sein d'une région, dont les richesses variées en combustible sont l'objet de l'exploitation la plus rationnelle.

Calgary, Brazeau, Edson sont sensiblement sur la limite occidentale des plaines du centre. A l'ouest de la ligne idéale que forment ces trois points de la carte, ce sont les contreforts des *Montagnes Rocheuses* qui commencent. Les vallées s'encaissent, les lacs, plus petits, prennent le caractère de lacs de montagne. Puis, soudain, voici les Rocheuses elles-mêmes. Suit-on le trajet du fameux rapide transcontinental des *Canadian National Railways* : le *Continental Limited* et, avec lui, la haute vallée de l'Athabaska, on franchit à Entrance la porte des Rocheuses. Et de suite, voici la montagne Boule-Roche, la Roche-Muette, la Roche-de-Smet et le *parc national Jasper*, riche de plus de cent montagnes, parmi lesquelles, haut de 11 033 pieds, le *mont Edith-Cavell* couronné de neiges et de glaciers surplombants, auquel fait pendant, au sud, le *Kootenay Park* qui englobe une grande partie de l'alignement des *monts Selkirk*. Ce dernier se trouve à proximité de la ligne du *Canadian Pacific* qui serpente le long de la vallée du Bow, au milieu des stations thermales (Banff et mont Sulphur), passant à 20 kilomètres environ au nord du *mont Assiniboine* (11 870 pieds), surnommé le « Matterhorn du Nouveau-Monde ».

Le trajet du Nord franchit les Montagnes Rocheuses à la passe de la *Tête-Jaune* (Yellowhead), celui du Sud à *Kirking Horse Pass*. Les neiges sont rares sur les passes, cependant le Canadian Pacific évite maintenant la passe Rogers au moyen d'un tunnel creusé depuis 1916, le tunnel Connaught, long de 8 kilomètres (le plus long d'Amérique) creusé à la base de la chaîne des Selkirks et qui débouche à Glacier, sur la vallée de la Columbia, en Colombie britannique.

Les territoires du Nord. — Le Manitoba, la Saskatchewan, et l'Alberta se terminent au nord le long du 60ᵉ parallèle, au delà duquel s'étendent *les territoires du Nord*. Ce sont de vastes territoires (1 242 224 milles carrés) partagés entre la forêt immense (dans le sud) peuplée de grands fauves (caribous, cerfs) et surtout de bêtes à fourrures, et des steppes analogues aux toundras de Sibérie (au nord : zone des Barren grounds). Leur population, en majorité de race esquimau, n'atteignait, en 1921, que 7 988 âmes éparses le long des côtes arctiques.

La Colombie britannique. — La Colombie britannique est la troisième province du Dominion comme superficie et la sixième comme population (567 183 habitants dont une vingtaine de mille Canadiens-Français). Elle est le pays de montagne par excellence; infiniment semblable à beaucoup d'égards à ses voisins les Etats de l'Union.

Le long du Pacifique se sont en effet produits, à la fin de la période crétacée, une série de plissements accompagnés de dislocations, de coulées éruptives et minérales, d'empilements chaotiques. Tel est l'aspect des Montagnes Rocheuses sur toute leur longueur, c'est celui de la Colombie britannique dans laquelle elles ont leur point culminant à *Robson Peak* (4 110 mètres) au sein d'un parc national qui fait immédiatement suite à celui du lac Jasper. Un peu plus au sud, ce sont les rois jumeaux de la Cordillère : les monts *Brown* (2 715 mètres) et *Hooker* (3 151 mètres). D'une manière générale les pics ont en moyenne 10 000 pieds et les passes 7 000. Au sud-sud-est de l'Assiniboine, dont nous avons déjà fait mention, c'est le *Royal Group* (King George, Prince Albert, Princesse Mary, etc.). Les habitants de la Colombie britannique ont eu la délicate pensée de donner à des pics voisins les noms, chers à tous les Français, de Joffre, Foch, Pétain et Mangin.

Il ne faudrait pas croire, à la suite de ce qui a été indiqué précédemment, que la Colombie britannique ne fût qu'une région de pics rocailleux, de glaciers et de neiges éternelles, impropre à toute culture et à toute exploitation non minière. Nous avons en effet, à l'ouest des Montagnes Rocheuses, une zone de plateaux célèbres, comme ceux du Colorado, par leurs fractures, leurs lacs allongés et leurs rivières, coupées de rapides et de cascades, encaissées dans de profonds cañons. Voici en effet les lacs Kootenay, Arrow, Okanagan, appartenant au système hydrographique de la *Columbia* dont la haute vallée longitudinale sert d'alignement aux monts *Selkirk* et limite à l'ouest les Montagnes Rocheuses. La rivière appartient d'ailleurs, par la majeure partie de son cours, à l'Etat de Washington. Le *Fraser* par contre est tout entier canadien, comme la *Skeena*; ces rivières et leurs affluents ont des vallées d'un pittoresque extrême; la Nechako qui conflue dans le Fraser à Prince-George a des eaux furieuses entre-coupées de rapides; la Thompson qui vient s'y jeter à Lytton a des chutes émouvantes à Hell Roaring (Bruit d'Enfer); les cañons du Fraser à Hell's Gate, et de la Skeena à Kitsala, sont entre tous célèbres.

Nous sommes d'ailleurs, sur ces deux points, bien près de la bordure du Pacifique, qui est constituée au nord par la chaîne du *Saint-Elié* (5 407 mètres) et du *Logan* (5 861 mètres), et au sud par le *Coast Range*, prolongement de la chaîne des Cascades. Et ce sont des fjords profondément encaissés au milieu de pentes abruptes garnies d'arbres géants, tandis qu'au large les îles de *Vancouver* et de la *Reine-Charlotte* figurent comme témoins d'une ancienne Coast Range aujourd'hui en partie effondrée et sub-mergée. Ces îles aux côtes étrangement découpées, entourées d'un véritable sinus de canaux marins, contiennent un grand nombre de ports de commerce et de pêche.

Victoria (61 277 habitants), capitale de la province, est un peu isolée dans son île, mais sa situation admirable au sein du golfe de Géorgie et de l'archipel des îles San Juan, son climat ravis-sant sous un ciel serein, la font apprécier chaque jour davantage des touristes pour qui franchir les détroits n'est qu'un jeu. La métropole commerciale de la Colombie britannique est *Vancou-ver*, le port en terre ferme (175 000 habitants), tête de ligne de deux des transcontinentaux canadiens et principal point d'em-barquement pour la Chine, le Japon et tout le monde australien. Plus au nord, de création plus récente, le port de *Prince-Ruppert*, bien abrité par les montagnes et les îles du large contre les vents du Pacifique, est superbe et son expansion commerciale n'a pas encore dit son dernier mot. New Westminster, Nanaimo, Ross-land, Fernie, Revelstoke et Kamloops, sont les autres centres les plus importants de la Colombie britannique.

Territoire du Yukon. — Entre la Colombie britannique, l'Alaska et les territoires du nord-ouest, le territoire du Yukon, qui dérive de ces derniers a une population moyenne en voie de décroissance constante. D'une superficie de 207 076 milles carrés, il ne compte présentement que 4 157 habitants.

III. — LE CLIMAT. LA VÉGÉTATION ET LA FAUNE

Climat et précipitation atmosphérique. — Dans les provinces maritimes, Québec, l'Ontario et les provinces des prairies, le climat est un climat excessif, caractérisé par de fortes amplitudes. Toute la partie orientale est soumise à l'influence du courant froid du Labrador, les écarts entre l'hiver et l'été augmentent d'ailleurs à mesure que l'on avance vers l'ouest.

Le climat d'Ontario et de Québec est relativement doux dans les régions méridionales, mais rigoureux en hiver; dans les parties plus septentrionales l'été est plus court et les précipitations assez faibles. Québec est généralement un peu plus froid qu'Ontario; à l'est de la ville de Québec, les étés sont frais, la température moyenne normale de juillet étant inférieure à 65°. Ce n'est que sur les rivages du lac Erié, du lac Ontario et du haut Saint-Laurent que la température moyenne normale de juillet dépasse 70°.

En 1924, les maxima et minima de la province de Québec ont été respectivement de :

Montréal	Janvier	— 23° F
—	Juillet	+ 77,8
Québec	Janvier	— 26°
—	Juillet	+ 76,7
Abitibi	Décembre	— 29°
—	Juillet	+ 92°

Dans toute cette partie du Canada, la précipitation est abondante et le vent du nord-ouest provoque d'importantes chutes de neige. Neige bienfaisante, qui recouvre le sol pendant quatre à cinq mois et à l'abri de laquelle la végétation dort d'un sommeil tranquille. A l'heure du dégel, cette neige fond rapidement et la terre s'en trouve fortement imbibée; le réveil de la végétation se fait en quelques jours et tout le pays connaît des printemps incomparables, faits d'une éclosion intense et hâtive.

La précipitation moyenne annuelle ressort à :

	Pluie.	Neige.
Anticosti.	23 pouces 37	72 pouces 7
Fredericton	32 — 94	135 —
Montréal.	28 — 25	120 — 7
Toronto	26 — 80	66 —

L'hiver est (le mot est de Sir Wilfrid Laurier) « la gloire du Canada ». S'il dure cinq grands mois et s'il connaît des extrêmes qui peuvent terrifier un Européen, il est très supportable à condition qu'on y adapte son système vestimentaire et qu'on le mette en conformité avec les usages locaux, et, par ailleurs, infiniment sain. Forts extrêmes, plus accentués encore dans les provinces des prairies :

Winnipeg.	103os F — 46os F
Qu'Appelle	101os — 55os
Edmonton.	94os — 57os

Ici, pourtant, nous notons moins de pluie et de neige :

	Moyennes annuelles.	
	Pluie.	Neige.
Edmonton.	13 pouces 62	42,5
Winnipeg	15 pouces 37	48,7

Les chutes de pluie ont surtout lieu au printemps au moment de la germination, les étés brûlants favorisent la maturation des blés; les automnes, qui connaissent les précipitations faibles, sont très favorables aux travaux agricoles [1].

Dès que l'on a franchi les passes des Rocheuses, les conditions climatériques se modifient profondément. L'action des vents d'ouest et des courants chauds du Pacifique se fait sentir. A Vancouver, le thermomètre n'est jamais descendu en janvier au-dessous de 2os F., on l'a vu dans le même mois à 55os F. La plus forte température estivale constatée a été de 92os F. en août. La

1. Observation de trente ans dans le Manitoba, la Saskatchewan et l'Alberta.

moyenne annuelle des pluies est de 58 p. o6, la plus forte chute de neige annuelle enregistrée a été de 25,1 : cette neige est d'ailleurs peu tenace, la Colombie britannique a un climat tempéré, voisin de ceux des pays de l'Europe occidentale. Il en est de même à l'est de la partie S. O. de la Nouvelle Ecosse, seul point du Canada où la température moyenne normale de janvier dépasse 25°.

La végétation. — Dans le livre qu'il a déjà consacré au Canada dans la collection « les Pays modernes », l'honorable A. G. Bradley le baptise *Empire des bois et des blés*. Aucune appellation ne saurait être plus exacte. En tête de la végétation vient la forêt, immense manteau boisé un peu en régression devant la culture, mais toujours producteur de richesses considérables.

« On évalue à 38 p. 100 la part occupée actuellement par la forêt dans la superficie totale du Dominion. Elle se présente sous forme d'une ceinture, large parfois de 600 milles, qui, du Saint-Laurent et des rives du Saguenay, remonte vers la baie d'Hudson, « elle renaît près des lacs manitobains, suit les vallées de la Saskatchewan et de l'Athabasca, et gagne, par la rivière la Paix, le cercle polaire... C'est une forêt merveilleusement peuplée et belle dans la province de Québec et dans la Colombie britannique, souvent dévastée par les brûlés et morne d'aspect dans le Haut-Ontario et le Manitoba, riche cependant partout en bois de construction et en bois de pulpe. »

Dans la seule province de Québec, la forêt recouvre 130 millions d'acres; on y trouve les essences les plus variées en bois résineux : les épicéas noir, rouge et blanc, les pins blanc, rouge et gris, le sapin, la pruche rouge et le mélèze; en bois feuillus : le merisier, l'érable à sucre, le tremble, le bouleau et le peuplier. On y trouve également le sapin, le cèdre, le tilleul, l'orme, le frêne, le noyer et le hêtre. La précipitation abondante de la côte du Pacifique a pour effet de doter la Colombie britannique de magnifiques forêts d'arbres géants, comme le cèdre et le pin Douglas.

Sur 300 millions d'acres de terres considérées comme cultivables, près de 60 millions sont actuellement en état de culture.

Ce sont, comme nous l'avons dit, les provinces des prairies : Manitoba, Saskatchewan et Alberta, qui sont les grands greniers à blé du Canada et de l'exportation. On estime qu'il s'y fait environ 90 p. 100 de la production canadienne en céréales.

Si les provinces des prairies sont le grenier du Canada, l'Ontario (principalement dans le district de Niagara) et la Colombie britannique (dans le fond de ses vallées tempérées) en sont le verger. A côté des légumes et des primeurs (tomates, melons) on y cultive la vigne et de nombreuses espèces d'arbres fruitiers, entre autres le pommier, très répandu d'autre part dans les cottages seigneuriaux de Québec et sur les pâturages des provinces maritimes.

Les parcs nationaux et la faune spéciale. — Les réserves établies par le Canada pour le tourisme et le sport sont certainement les plus considérables qui soient au monde. Elles couvrent approximativement 10 000 milles carrés, étendue qui équivaut aux deux tiers de la superficie de la Suisse.

Les parcs nationaux répondent en outre au désir très légitime de préserver quelques-uns des plus beaux sites naturels. De même, certains d'entre eux englobent des lieux historiques. Ils comprennent aussi des réserves créées pour la protection de la faune spéciale dont l'effectif diminuait de manière inquiétante, à tel point que, sans leur création, certaines espèces étaient menacées d'extinction. Le premier parc national créé fut le *parc Rocky Mountain* (1885); il avait pour objet la préservation des sources thermales qui venaient d'être découvertes autour de Banffs. C'est naturellement dans les Montagnes Rocheuses que, comme aux Etats-Unis, les parcs nationaux se trouvent en majorité.

Nous y avons en effet, dans l'ordre de leur création : le *parc Rocky Mountain*, les *parcs Yoho* et *Glacier*, le *parc Waterton Lakes*, le *parc Elk Island*, les *parcs Buffalo* et *Jasper*, le *parc Kootenay*. Les eaux des lacs et des torrents abondent en truites. les réserves « zoologiques » abondent, grâce à l'interdiction absolue de la chasse, en mouton et chèvre des montagnes, ours gris, ours noir, orignal, élan wapiti, chevreuil, caribou et castor, sans parler des oiseaux sauvages. Le parc Elk-Island et le parc Buffalo sont plus spécialement consacrés au bison. Ce dernier surtout en contient de telles quantités que l'on est contraint de contingenter l'effectif des troupeaux maintenant et d'abattre le surplus des mâles quand le nombre fixé se trouve dépassé. C'est aussi dans le parc Buffalo que des essais de croisement entre bison et bétail courant ont abouti à la création du type cattalo.

58 milles carrés viennent d'être réservés dans les provinces des prairies pour servir de refuges à l'antilope dianocère : ce sont les parcs *Nemiskam* et *Wanakesy* (Alberta) et *Menissawok* (Saskatchewan). Face à la réserve de l'Etat de New-York sur la rive droite du Niagara, la province d'Ontario vient de réserver 1 500 acres pour les aménager en parc public. Enfin la province de Québec dispose aux îles Saint-Laurent d'un parc de 140 acres, s'étendant moitié sur l'archipel dont il englobe treize îles, moitié sur la rive du grand fleuve [1].

Au nord, c'est la faune spéciale des animaux à fourrures que la colonisation et le défrichement y ont fait fuir. Leur grand nombre et la valeur de leurs peaux furent parmi les principaux attraits de la colonisation canadienne en son début. L'ours est l'hôte indésiré des Rocheuses, la martre, le vison, le lynx, la loutre, la zibeline, le castor, le renard noir et le fameux renard argenté sont trop recherchés par l'élégance féminine pour ne pas constituer un élément de richesse des plus appréciés.

Qu'elles soient marines ou territoriales, les eaux canadiennes sont très poissonneuses. Celles de l'Atlantique contiennent une immense variété de poissons d'une haute valeur alimentaire, ainsi qu'on le verra par la suite (morue, hareng, homard, etc.). Celles du Saint-Laurent et des Grands Lacs regorgent de truites et d'ablettes, enfin la grande spécialité du versant Pacifique est la pêche du saumon (voir ch. III et Appendice).

---

1. Les parcs nationaux, au nombre de onze, sont administrés par la Division des Parcs Nationaux du ministère de l'Intérieur.

CHAPITRE III

Le Canada puissance économique jeune et grande

Avant de traiter ce sujet et par analogie à ce que nous avons fait sur les Etats-Unis [1], il nous paraît utile de donner quelques indications générales qui faciliteront l'intelligence de ce texte.

Mesures (particulières au Canada). — Longueur : la *corde* (line), est la 12° partie d'un pouce (inch); la *palme* (palm), vaut 3 pouces; le *travers de main* (hand), vaut 4 pouces; la *main* (span), vaut 9 pouces; la *coudée* (cubit), vaut 18 pouces; la *toise* (fathom), vaut 6 pieds; la *verge* (rod, pole ou perch), vaut 198 pouces.

Superficie : l'*acre* vaut 40 ares 47.

Capacité : le *quartaut* (firkin), vaut 9 gallons.

Vin et bière : le *demi-baril* (kilderkin), vaut 18 gallons; le *baril* (barrel), vaut 36 gallons.

Matières sèches : le *minot* vaut 8 gallons (36 litres 34).

Bois de construction et forêts : la *corde* vaut 128 pieds cubiques.

Monnaies. — Le *dollar* canadien est au pair avec le *dollar* des Etats-Unis et vaut comme lui de 5 fr. 18 à 5 fr. 27 (francs-or).

I. — LES GRANDES VOIES DE COMMUNICATION
LES PORTS ET LA COLONISATION

Les Compagnies de navigation. — La côte Atlantique du

1. Voir « Les Pays modernes » (*Etats-Unis*), du même auteur.

Canada (y compris l'estuaire du Saint-Laurent) est desservie principalement par les Compagnies européennes Anchor Donaldson, Cunard, Furness, Manchester, Intercontinental Transport Services Ltd, Royal Mail Steam Packet, Head, Dominion, White Star Dominion. D'autres compagnies (Argonaut, Boston, Yarmouth, Eastern, Isthmian) la relient à la côte Atlantique des Etats-Unis; la Canada Jamaïca la relie aux Antilles, la Houston à l'Amérique du Sud.

La côte Pacifique est volontiers le but des Compagnies qui font le trafic interocéanique comme la Holland-America, la Hamburg-America, la Compagnie générale Transatlantique, la Navigazione Libera Triestina S. S. Co, le Pacific Argentine Brazil, le Pacific Carribeau Gulf Line (golfe du Mexique Pacifique). Elle est desservie également par des Compagnies américaines comme le Pacific Steamships (Los Angeles Alaska) par escales, le Pan Pacific S. S. Co (Chili et Pérou, Canada) et des Compagnies transpacifiques comme l'American Oriental, le Blue Funnel, le Nippon Yusen Kaisha, l'Osaka Shosken Kaisha... l'Ocean Transport Co et le New Zealand Shipping Co.

Les principales routes maritimes qui donnent accès à l'Empire des bois et des blés sont jalonnées par les ports et escales suivants :

A travers l'Atlantique : Liverpool, Belfast, Québec, Montréal [1]; Liverpool, Belfast, Glasgow, Halifax, Saint-Jean; Anvers, Southampton, le Havre, Québec, Montréal; Hambourg, Amsterdam, Londres, Southampton, Cherbourg, Québec, Montréal.

A travers le Pacifique : Hong-Kong, Shang-Haï, Nagasaki, Yokohama, Victoria, Vancouver [2] et Sydney, Auckland, îles Fidji, Honolulu, Victoria, Vancouver [3].

Sur ces grandes routes maritimes, nous trouvons des services réguliers et rapides assurés par les magnifiques paquebots d'une puissante Compagnie que nous n'avons pas encore mentionnée parce qu'elle est purement canadienne : c'est le *Canadian Pacific* ou mieux le *Canadian Pacific Steamships Limited.*

---

1. 4 879 kilomètres.
2. Yokohama-Vancouver 6 895 kilomètres.
3. 12 292 kilomètres.

Le Canadian Pacific S. S. Ltd est entièrement création du *Canadian Pacific Railway* (C. P. R.)[1]. Nous avons dit que cette Compagnie se fonda pour la construction du railway qui avait été promis à la Colombie britannique en échange de son entrée dans la Confédération. En 1886, elle put mettre en marche son premier train entre Montréal et l'océan Pacifique. De suite, elle s'aperçut que son œuvre était incomplète, si elle n'avait pas sa flotte à elle capable de drainer sur son réseau une partie du trafic mondial. C'était en 1887. En 1910 elle possédait 62 unités, dont 16 sur l'Atlantique, 23 sur le Pacifique, 5 sur les Grands Lacs et 18 sur les rivières et lacs de la Colombie anglaise; en 1911, le nombre des bateaux atteignait 65.

Le succès vint à la Canadian Pacific S. S. Ltd, succès ayant sa double cause dans la brièveté relative du trajet en plein Atlantique (la traversée dure six jours, mais les deux premiers, départ Montréal, se passent sur le Saint-Laurent et son golfe), ainsi que dans la perfection des paquebots qui font le service.

Ce fut, en effet, en 1914 que la Compagnie inaugura ses deux premiers paquebots-cabines, paquebots sur lesquels les aménagements destinés aux passagers sont divisés en deux catégories : cabines et troisièmes classes. Tous les noms de ces paquebots commencent par la lettre M (Montréal, Montcalm, etc.). A côté d'eux, les navires de la série « Empress » sont d'un tonnage et d'une rapidité qui peuvent soutenir la comparaison avec les géants des grandes Compagnies européennes.

Si le *Canadian Pacific Railway* s'est orienté grandement vers les transports de voyageurs, les *Canadian National Railways* dont nous indiquerons plus loin l'œuvre et le passé exploitent les navires de la *marine marchande du gouvernement canadien* créés pour faciliter et développer le commerce et l'industrie du Canada. Cette flotte comptait en dernier lieu quarante-huit unités dont les dernières lancées offrent également à des voyageurs des installations des plus confortables. Ces vapeurs d'au moins 10 500 tonnes font le service entre les ports de l'Atlantique et les Bermudes, les Bahamas, la Jamaïque, le Honduras britannique. La flotte de la marine marchande du gouvernement canadien a un tonnage brut total de 330 000 tonnes.

1. Se prononce Cî. Pî. AR.

Le service sur les Grands Lacs et le Saint-Laurent, magnifique voie d'eau, est assuré par la *Canadian Steamship Lines Ltd* qui a racheté, en 1922, diverses lignes préexistantes, entre autres la *Richelieu and Ontario Navigation C°* : ses quelque trente paquebots, dont le *Richelieu*, qui a coûté plus de 1 million de dollars, sont des plus confortables; leurs terminus sont Duluth et Terre-Neuve; elle a une filiale : l'*International Transport Services Ltd*, qui a joué un grand rôle dans le développement du Canada oriental, dont elle assure en grande partie le trafic màrchand interne.

Les canaux. — Les canaux ont pour le commerce canadien une importance capitale. Sans eux, ni l'industrie du blé, ni celle du bois, ni l'exploitation des gisements minéraux de la région du lac Supérieur, n'auraient pu atteindre au développement que l'on verra par la suite. Il fallait d'abord relier les Grands Lacs au Saint-Laurent et à l'Ottawa d'une manière praticable à la navigation.

Ce but fut atteint par le *système des canaux des Grands Lacs :* canal *Sault-Sainte-Marie* entre le lac Supérieur et le lac Huron, à la suite du succès obtenu par l'*American Sault Canal, canaux du Saint-Laurent* et canal *Welland;* ce dernier contourne l'obstacle des chutes du Niagara.

L'augmentation du trafic des Grands Lacs a été énorme. En 1887, moins de 6 millions de tonnes de cargaison passaient par les canaux de Sault, en 1897 il en passait plus de 18 millions, en 1907 plus de 58 millions.

La rivière Ottawa est reliée au Saint-Laurent par le *canal Rideau* (Ottawa-Kingston) et au lac Champlain par les *canaux de Grenville, Carillon, Sainte-Anne, Chambly, Saint-Ours* (système du Richelieu par lequel le Saint-Laurent est en communication avec l'Hudson et New-York).

De récents canaux, dont la création a été inspirée par le désir de raccourcir encore le trajet Saint-Laurent-Grands Lacs, existent maintenant entre le lac Ontario et l'embouchure de la rivière Severn (Trenton, lac Huron), ce sont les *canaux de la Trent*, tandis que le redressement et l'élargissement de la rivière Ottawa ont permis d'envisager l'exécution du *canal de la Baie Géorgienne*, entre Montréal et le lac Hudson, ligne directe qui mettra

Fort-William à 282 milles de moins de Montréal que la voie ordinaire et un deuxième *canal Welland*.

Les ports. — Il est peu de ports au monde qui soient dans une situation aussi privilégiée que Montréal, situé à 1 600 kilomètres à l'intérieur des terres sur un chenal qui n'a jamais moins de 31 pieds de profondeur. N'était le climat qui en interdit l'accès quatre mois et demi environ sur douze, Montréal serait certainement un des premiers ports de l'univers.

Dès sa création en 1640, Montréal fut la grande place d'échange entre les marchands de la Compagnie de la Nouvelle-France et les Indiens qui amenaient dans leurs légers canots d'écorce les peaux et fourrures proposées pour le troc; actuellement, il est le point de contact entre la navigation maritime et celle en eau douce [1]. Montréal est, comme Rouen, un « port maritime fluvial ».

Desservi par un réseau de chemins de fer de ceinture de 65 milles (dont la moitié est actuellement électrifié), le port de Montréal a plus de 16 milles de longueur, il peut abriter à la fois cent navires, dont dix-huit de 1 000 pieds de longueur; les quais comprennent des jetées avec d'immenses élévateurs à blé (pouvant contenir au total jusqu'à 25 millions de boisseaux et devant lesquels vingt-deux transatlantiques peuvent être remplis en même temps), vastes entrepôts frigorifiques à l'épreuve du feu, etc.

Par Montréal et Québec, le Canada est à même d'exporter annuellement 85 millions de quintaux de blé. *Montréal est le premier port exportateur de blé du monde;* en 1922, il a expédié plus de 155 millions de boisseaux; les deux élévateurs de Québec ont une capacité totale de 2 250 000 boisseaux; la ville a de plus un entrepôt frigorifique qui n'a pas coûté moins de 50 millions de dollars et en fait un centre exportateur de viandes des plus importants.

Saint-Jean et Halifax sur l'Atlantique sont les ports d'hiver de cette côte. Halifax, équipé d'une façon aussi moderne, bénéficie de la plus grande partie du trafic transatlantique dans la période

---

1. Les navires qui ont 14 pieds de tirant d'eau peuvent d'ailleurs remonter directement jusqu'aux lacs sans aucun transbordement de marchandises.

où le Saint-Laurent est inaccessible. Aussi paraît-il d'ores et déjà appelé à un grand avenir. Il en est de même, sur la côte du Pacifique, de *Vancouver* qui est à même de recevoir simultanément vingt-quatre grands navires de mer et d'emmagasiner 73 000 tonnes, de Victoria et de Prince-Rupert qui est, en même temps que le grand port des relations avec l'Alaska, un des terminus des *Canadian National Railways*.

Yarmouth et Sidney sont spécialisés dans les relations maritimes entre le port de Boston, le Canada (Nouvelle-Ecosse) et l'île de Terre-Neuve (New Foundland). Un service régulier de bateaux à vapeur relie cette île à la presqu'île de Gaspé.

Le tableau ci-dessous montre la progression depuis 1900 du mouvement portuaire canadien [1] :

Bateaux en provenance ou à destination de l'étranger
(en milliers de tonneaux)

	1900.	1910.	1923.	1924-1925.
Vancouver.	945	2 520	6 551	7 884
Montréal.	2 110	3 270	6 647	6 961
Halifax	1 627	2 479	5 618	6 554
Victoria	1 970	3 083	5 700	6 480
Québec	1 079	1 607	2 254	2 783
Saint-Jean	1 147	2 168	2 106	2 220

Les chemins de fer. — 40 352 milles de chemins de fer à vapeur, 2 500 de chemins de fer électriques, c'est pour un pays de 9 millions d'habitants, un record, qui n'est battu que par les réseaux australiens. Le Canada est ce que l'ont fait ses chemins de fer, sans eux l'œuvre de colonisation indispensable à sa mise en valeur n'eût pu commencer; sans eux, elle ne saurait se poursuivre.

Le réseau ferré est particulièrement dense autour des grands lacs (Ontario 10 956 milles) et dans la Saskatchewan (6 517

1.

	1876.	1926.
	(Tonnes.)	(Tonnes.)
Caboteurs et côtiers	10 000 000	83 000 000
Océaniques et bâtiments fluviaux.	13 000 000	75 000 000

milles). Québec venait au troisième rang en 1926 avec 4 919 milles.

De grands noms, tels que ceux de Van Horne, Shaughuessy, Donald Smith, Hays, Mackenzie, Mann sont liés à l'histoire du développement ferroviaire du Canada. La plupart sont synonymes de débuts modestes suivis d'une extraordinaire réussite.

Ce fut en 1836 que fut ouverte au trafic la première ligne de chemin de fer du Dominion. Longue de 26 kilomètres, elle réunissait entre elles, à l'est de Montréal, les deux petites villes de La-Prairie et de Saint-Jean-de-Québec. Elle était dite « Chemin de fer de Champlain et du Saint-Laurent ». Elle fit, par la suite, partie du premier réseau canadien : le *Grand Tronc*, fondé en 1851 pour relier les grands centres des provinces de Québec et d'Ontario à ceux des Etats de l'Union voisins. Puis ce furent : l'*Intercolonial*, réseau d'Etat, construit pour relier Montréal à tous les principaux centres des provinces maritimes (y compris ceux de l'île du Prince-Edouard), le *Canadian Northern Railway System* (fondé en 1895 et qui eut son origine dans la ligne du lac Manitoba et du Canal); le *Grand Tronc pacifique* ou *Transcontinental National*, le *chemin de fer de la baie d'Hudson*.

Ces deux dernières Compagnies étaient créées respectivement pour la construction de deux lignes principales nouvelles dont le besoin se faisait sentir : l'un de Montréal à Port-Rupert, l'autre de Winnipeg à Fort-Nelson. D'importants déficits, que l'état de guerre accentua encore, firent de toutes ces lignes des charges imprévues par le budget, et le gouvernement fut, à partir de 1920, pour les sauver de la faillite et réaliser l'achèvement des travaux en cours, amené à les rattacher toutes, les unes après les autres, à son intercolonial. La conséquence fut la naissance des *Canadian National Railways* dont le réseau dépasse 22 000 milles.

L'exploitation du nouveau réseau fort sagement administré ne fait que s'améliorer et il semble que l'on puisse envisager prochainement pour lui l'avènement d'une ère de bénéfices. Ses trains sont très réputés; les principaux sont : le *Continental Limited* (Toronto, Montréal, Vancouver); le *National* (Toronto, Winnipeg); l'*Océan Limited* et le *Maritime Express* (Halifax, Saint-Jean, Montréal); l'*International Limited* (Montréal, Toronto, Détroit, Chicago).

Née en 1881, dans les circonstances que nous avons mentionnées, le *Canadian Pacific Railway* ne contrôle pas moins de 14 650 milles de lignes ferrées. Son essor a été prodigieux; de 372 locomotives, 378 wagons à voyageurs, 8 253 wagons divers dont il se composait en 1886, le matériel roulant était passé en 1922 à l'effectif de 2 255 locomotives, 2 857 wagons à voyageurs, 90 542 wagons à marchandises. Dans le même intervalle de temps, le trafic voyageurs était passé de 1 899 319 à 14 310 842. Le réseau télégraphique de la Compagnie est, lui aussi, considérable; on estime que ses fils mis bout à bout feraient cinq fois le tour du globe.

Les deux grandes Compagnies disposent pour leurs grands express de machines géantes qui sont des modèles de technique, leurs trains sont très luxueux et ont, dans les plus belles parties du parcours, des wagons observatoires assidûment fréquentés par les voyageurs. D'ailleurs, comme nous l'avons déjà indiqué à propos des flottes qu'elles contrôlent, elles sont des organismes de tourisme d'une rare puissance; partout se dressent de somptueux hôtels qui sont leur propriété (hôtel Frontenac du C. P. R. à Québec, hôtel Château Laurier des C. N. R. à Ottawa), etc. Leur mission touristique ne leur fait d'ailleurs pas oublier les deux autres qu'elles ont assumées : celle de transporteuses de matières premières (de puissants élévateurs notamment sillonnent leurs réseaux), celle enfin d'organes de colonisation et de peuplement dont nous allons dire un mot.

La colonisation et l'immigration. — Le Canada n'a encore qu'une population relativement faible par rapport à son énorme superficie habitable. Alors que les Etats-Unis, dans lesquels les places sont devenues rares, refusent du monde et contingentent leurs immigrants, le Canada dispose encore de vastes surfaces à défricher, à mettre en valeur, à cultiver [1]. D'où toute une œuvre de colonisation qui se développe, suivant un programme parfaitement méthodique.

Ce programme comporte tout d'abord une active propagande conduite aux Etats-Unis, en Angleterre, et, d'une manière géné-

---

1. Sur 187 millions d'hectares de prairies, un cinquième seulement est exploité à l'heure actuelle.

rale, dans tous les pays d'Europe. Cette propagande s'adresse principalement aux contingents susceptibles d'augmenter la classe rurale. Parmi eux la sélection légale joue : le besoin d'accroissement n'exclut pas la sévérité nécessaire de la part d'une société qui entend se défendre contre l'arrivée des éléments indésirables.

Bien que variant légèrement d'une province à l'autre, le mécanisme de la colonisation repose d'une manière générale sur le processus suivant : 1° reconnaissance et arpentage des terres cultivables appartenant à la Couronne; 2° canalisation de l'immigration sur les cantons dont l'organisation est désirable et en cours; 3° attribution des terres divisées en lots de ferme (home steads) aux arrivants, auxquels elles sont concédées moyennant un prix modique (60 cents par acre) payable par annuités. L'occupation doit être justifiée par un défrichement progressif et l'établissement de bâtiments dont les dimensions minima sont fixées à l'avance et dont la construction progressive est également régie par des règlements fidèlement observés.

Pendant ce temps, des chemins de colonisation se créent, bientôt suivis de voies ferrées, et l'on a bientôt, à la place même du désert inculte, des paroisses naissantes entourées de terres auxquelles le travail des nouveaux venus confère leur capacité de culture. Ainsi furent conquis sur la prairie et la forêt les cantons agricoles du Manitoba, de Saskatchewan et de l'Alberta; ainsi s'étendit vers le nord-ouest et le nord (Abitibi et Temiscamingue) la province de Québec dans laquelle se sont fondées, depuis vingt-cinq ans, plus de cent paroisses nouvelles, habitées par 25 000 colons.

Passée par un maximum en 1913 (402 432 arrivants) l'immigration a été, en moyenne, depuis 1901, de 100 000 personnes par an. Les nouveaux venus proviennent en majeure partie du Royaume-Uni et des Etats-Unis. Le tiers environ de leur effectif se porte sur l'Ontario, puis viennent, dans l'ordre de l'importance des arrivées, Québec et les provinces de prairies. En l'année fiscale 1924-1925, le nombre des immigrants s'est subdivisé en 54 906 Anglais, 15 914 citoyens de l'Union, 39 424 Européens (dont 326 Français) et 1 118 non-Européens. Le gouvernement du Canada espère beaucoup des réels avantages matériels qu'il est encore en état d'offrir aux insatisfaits de leur sort dans les vieux

États où les places au soleil sont rares et chères; il escompte un développement proportionnel à celui de la grande République voisine et l'on entend couramment dire que le vingtième siècle sera « le siècle du Canada ». Ce pronostic, à notre avis, n'a rien de fantaisiste lorsqu'on songe aux richesses considérables déjà prospectées et à celles dont l'exploitation sera l'œuvre des années à venir.

II. — LES RICHESSES DU SOL ET LEURS INDUSTRIES DÉRIVÉES

Une forêt au domaine encore immense, malgré les déboisements auxquels on s'y est livré, de vastes prairies où paît un cheptel important, des terres à céréales dont les quarante dernières années ont révélé la richesse, des régions à arbres fruitiers, du tabac, de la vigne même, tels sont les principaux éléments de la prospérité culturale du Canada pour la plupart générateurs de puissantes industries à gros rendement.

La forêt et la fabrication des pulpes et des papiers. — La forêt couvre encore 29 p. 100 du territoire : 1 227 000 sq. miles. Elle comprend 160 espèces. Dans la province de Québec, qui vient dans cet ordre d'idées, au premier rang, la zone de la plaine (rives de Saint-Laurent) est un habitat d'essences feuillues variées, la zone des Alleghanys comprend des peuplements mélangés de résineux et de feuillus, la zone des Laurentides porte des essences qui varient du pin blanc à l'épinette noire, au bouleau et au tremble. Sur 1 335 468 kilomètres carrés (110 millions d'acres), on estime à 527 059 kilomètres carrés la superficie forestière ayant valeur exploitable et à 807 249 kilomètres carrés celle des terrains moins productifs (parmi ces derniers se trouvent les *muskegs* ou savanes aux arbres rabougris et clairsemés). L'Ontario (80 millions d'acres environ) abonde en pin blanc (60 p. 100), en pin rouge (10 p. 100). Le sapin domine dans les provinces maritimes; dans la Colombie britannique, qui a à peu près 50 millions d'acres de forêts, abondent le pin Douglas ou pin de l'Orégon, le cèdre géant et le cèdre jaune. Enfin les provinces à prairies, les moins pourvues, ont cependant de très belles forêts où le sapin domine. Il fournit 95 p. 100 du bois scié.

C'est par milliards que l'on évalue le nombre de pieds de chaque province — richesse considérable, surtout maintenant que des mesures très sérieuses ont été prises pour assurer sa protection. Parmi les forêts n'appartenant pas à des particuliers, les unes sont *sous billet de location* (concédées pour fins agricoles), les autres appartiennent à l'Etat. Parmi ces dernières on distingue : les réserves forestières (parcs et autres), les forêts vacantes de la Couronne, libres de toute servitude et de tout affermage, les forêts affermées (*limites à bois*) moyennant payement d'une prime d'affermage annuelle (*bonus*). Le concessionnaire ou *licencié* peut toujours obtenir le renouvellement de son permis, du moment qu'il a satisfait aux obligations imposées par les lois et règlements en vigueur [1]; dans ces conditions, le permis est considéré comme un effet de commerce et à ce titre transférable (sous réserve de l'autorisation du ministère des Terres et Forêts).

Les ressources forestières du Canada ont été évaluées à 248 076 millions de pieds cubes de bois à scier et à 1 280 millions de cordes de bois à pulpe. En 1925, l'exploitation, en progression bien nette sur les années précédentes, avait rapporté 327 506 782 dollars se décomposant en : 134 413 845 dollars de produits du sciage, et 193 092 937 dollars de produits de l'industrie de la pulpe et du papier.

Si les provinces à prairies, les provinces maritimes et la Colombie britannique, de par leurs essences, donnent en grande majorité des bois de sciage, les provinces de Québec et d'Ontario viennent en tête de la production de pulpe de bois, comme l'indique le tableau ci-dessous (données pour 1924) :

	Cordées de bois à pulpe.	Valeurs en dollars.	Production de pulpes (tonnes)
Canada	4 647 201	57 577 640	2 465 011
Québec	2 161 880	27 432 814	1 170 314
Ontario	1 683 783	21 805 745	927 533

1. Ayant pour but d'éviter le dépeuplement des habitats.

En cette même année, on ne comptait pas moins de 115 établissements occupant 27 627 personnes et représentant un capital investi de 459 457 696 dollars.

Cette industrie s'est considérablement développée à partir de la fin du dernier siècle. En 1851, il n'y avait en effet dans tout le Canada que dix moulins à papier; la fabrication de la pulpe et du papier a dû son extraordinaire essor à l'existence, conjointe à celle de la forêt, d'éléments de force motrice d'une puissance extrême (charbons et houille blanche), ainsi que de substances minérales (pierre à meule [1]), soufre, pierre calcaire, chaux, talc et stéarite) employés soit à la pulperie, soit à la papeterie.

Les principaux centres de fabrication des papiers [2] (papier journal, papier registre, papier d'écriture, papier d'emballage et autres) sont *Iroquois Falls* (Ontario), où se trouve une fabrique de papier journal qui doit compter parmi les plus grandes du monde (500 tonnes par jour), *Chicoutimi*, qui vient en tête de la fabrication de la pâte mécanique (400 tonnes par jour), *Trois-Rivières* (papiers Kraft et d'emballage), *Grand'Mère*.

Parmi les autres industries dérivées de la forêt, il convient de citer la fabrication de la soie (avec la fibre de l'épinette du Canada), de la dynamite, des disques de phonographe (au moyen d'une pâte de bois), du linoléum. Enfin la province de Québec tire une légitime fierté de ses érables, desquels on extrait sucre et sirop. La production de sucre d'érable et de sirop d'érable est de l'ordre de grandeur de 5 millions de kilos pour le sucre et de 8 à 10 millions de litres de sirop.

La prairie, l'élevage en général et ses dérivés. — Le tableau ci-dessous (chiffres de 1924) indiquera au lecteur l'importance du cheptel canadien, selon les provinces et sa valeur globale.

1. Provenant des États-Unis.
2. 833 639 tonnes en 1917 ; 1 215 951 tonnes en 1920 ; 1 022 000 tonnes en 1921 ; 1 884 705 tonnes en 1925, dont 1 536 523 de papier-journal (valeur totale : 140 680 177 dollars).

TABLEAU,

	Vaches laitières.	Autres bêtes à cornes.	Moutons.	Porcs.
Ontario	1 203 527	1 713 775	870 279	1 807 903
Québec	988 079	813 046	831 227	797 726
Saskatchewan .	468 151	1 060 716	123 326	872 829
Alberta	433 528	1 188 468	206 458	949 891
Manitoba . . .	263 577	446 705	94 784	425 747
Nouvelle Écosse	132 683	152 065	267 913	53 480
Nouveau Bruns- wick	107 374	109 365	148 310	73 608
Colombie Bri- tannique. . .	73 587	188 535	154 218	949 891
Ile de Prince- Édouard . . .	56 479	61 276	88 228	45 335
Canada.	3 726 985	5 733 851	2 684 743	5 069 181
Valeurs en dol- lars	170 567 000	154 524 000	24 036 000	62 596 000

On estime à 30 millions de têtes le cheptel bovin que la prairie du Dominion serait à même de faire vivre. Le bœuf d'engrais trouve sur ses pacages une nourriture de choix qui donne à sa chair une qualité très appréciée. Les vaches laitières produisent de 7 000 à 14 000 litres de lait par an. On envisage que la production annuelle des porcs pourrait atteindre 12 millions de têtes dont une grande partie à « bacon » de choix.

Tous ces éléments d'élevage sont en accroissement constant, fonction de celui de la population et des exportations.

En 1871, par exemple, on ne comptait que 638 759 vaches laitières; en 1901, elles étaient 2 408 677; en 1909, 2 849 306; même chose pour les bêtes à cornes (4 384 779 en 1909), les porcs (2 912 500 en la même année).

Par contre, et malgré un sol et un climat qui s'adaptent parfaitement à son élevage, le mouton était, dans ces dernières années, en régression (3 155 509 en 1871). Cette régression avait sa cause dans la concurrence énorme faite par les ovins d'Australie et de Nouvelle-Zélande, sur le marché anglais, aux moutons canadiens; elle paraît présentement enrayée.

Les provinces d'Ontario et de Québec viennent en tête du

groupe des industries laitières (beurre, fromage, lait concentré et lait en poudre).

	Nombre de beurreries et fromageries.	Capital investi.	Valeur des produits.
	t.	(Dollars.)	(Dollars.)
Ontario	993	14 128 056	50 936 655
Québec.	1 660	7 535 214	29 386 505

On voyait en 1923, à la ferme Raymondale (à Montreuil), une vache Holstein qui avait donné en un an plus de 35 500 litres de lait, représentant 1 383 lbs de gras à beurre. L'industrie laitière a fait, dans ces dernières années, de remarquables progrès dans les provinces maritimes .

Malgré les progrès de l'automobilisme, le cheval est en progression sérieuse. La population chevaline s'est accrue d'un demi-million de têtes. On trouve au Canada, à côté du petit cheval de prairie, et du cheval de selle, le cheval de trait léger pour la ferme et le cheval de gros trait, auxiliaire précieux de l'agriculteur.

Les produits canadiens, qu'ils soient bovins de ferme ou étalons de haras, sont très appréciés à l'étranger comme reproducteurs.

L'abatage dans les abattoirs a atteint, en 1924, 899 621 bovins, 510 241 ovins, 2 913 643 porcs. Pour les abattoirs et les fabriques de conserves, les quantités en poids d'animaux abattus avaient atteint le total considérable de 716 975 493 tonnes. Les établissements de boucherie et de conserve de viande, frères de ceux de la grande République voisine, étaient de 74, dont 44 dans les provinces d'Ontario et de Québec. Naturellement, ils sont accompagnés de nombreuses tanneries et corroiries, de fabriques de chaussures (162 dont 92 dans la province de Québec, d'une valeur totale de 130 millions de dollars).

Il y a abondance de produits de basse-cour dans toute la région des fermes (Québec, 6 718 612 têtes); l'apiculture y est aussi très répandue. Dans la province de Québec, qui vient à cet égard en tête avec un important chiffre d'affaires à l'exportation, on ne comptait, en 1923, pas moins de 7 820 ruchers en opération, produisant 3 697 990 lbs de miel et 35 335 de cire et représentant une richesse agricole de 2 198 712 dollars.

Pendant fort longtemps les exportations du Canada ne consistèrent qu'en fourrures. Les Indiens en faisaient primitivement usage pour leurs besoins domestiques, jusqu'au jour où ils s'aperçurent qu'elles avaient valeur d'échange. La colonisation a fait fuir les animaux à fourrures vers le nord où ils continuent à se repeupler pour le plus grand profit des chasseurs et trappeurs, protégés qu'ils sont contre une trop rapide destruction par les caprices de la mode. On trouve au Canada simultanément le blaireau, la belette, le castor, le chat sauvage, le carcajou, l'écureuil, l'hermine, la loutre, le lapin, le lièvre, le loup-cervier, la martre, l'ours brun, l'ours gris et l'ours blanc, le pékan, les renards de toutes nuances (noir, bleu, argenté, blanc, rouge et croisé), le rat musqué, le vison, le loup marin, l'orignal, le chevreuil et le caribou. Pour la saison 1923-1924, on comptait 1 550 fermes à renards; la production des fourrures avait atteint 4 207 593 peaux évaluées à 15 643 817 dollars.

La pêche a fourni en 1924 pour 44 534 235 dollars de produits. Les pêcheries du Canada, qui se développent sur plus de 20 000 kilomètres de côtes, et dans 3 800 kilomètres carrés d'eaux douces incluses au milieu des terres, sont sans doute les plus vastes du monde. Le hareng, le homard et le saumon comptent parmi les espèces les plus productives — mais on pêche aussi la truite, le ouananiche, le doré, le brochet, la perche, le poisson blanc, le maskinonge, l'esturgeon, l'éperlan, l'anguille, la carpe, la barbotte, la morue, le caplan, le haddock, l'huître, le maquereau, le lakèche, l'alose, le perchande, le crapet, le bar et la barbue, et la plupart des espèces marines alimentent des conserveries importantes. Pour assurer la conservation des espèces, on n'a eu nulle peine à créer, dans cet immense domaine aquatique, des réserves consacrées à l'élevage des poissons soit de mer, soit d'eau douce. La pisciculture et ses problèmes complexes sont étudiés dans les stations de Saint-Andrews (N. B.) et de Nanaïmo (C. B.). (Voir Appendice.)

L'agriculture. — L'agriculture du Canada vers l'année 1880 était pratiquement nulle, en proportion des considérables ressources qui se trouvaient inexploitées. Les provinces du centre n'avaient pas encore reçu l'effectif de colons qui les devait radicalement transformer. La terre, celle de l'Est, lasse de voir demander à elle seule la nourriture des habitants, était presque épuisée. Le ministère de l'Agriculture se mit résolument à l'œuvre; il créa d'abord des fermes expérimentales, puis des services variés (industrie laitière, hygiène du bétail, semences, tabacs) dont le rôle au point de vue de l'orientation pratique et scientifique de la production a été considérable.

Les résultats des fermes expérimentales et des écoles d'agriculture et de la doctrine qui y fut donnée, ainsi que de l'orientation de la colonisation sur les terres à sol favorable se traduisent par les chiffres suivants qui marquent l'état de la culture et de ses revenus en 1924.

	Superficies cultivées.	Récolte totale.	Valeur.	Récolte des Provinces des Prairies.
	(Acres.)	(Boisseaux.)	(En dollars.)	(Boisseaux.)
Blé . . .	22 055 710	262 097 000	320 362 000	235 694 000
Avoine .	14 491 289	405 976 000	200 688 000	229 046 000
Orge . .	3 407 441	88 807 000	61 760 000	68 576 000
Seigle . .	890 814	13 750 900	13 678 000	9 587 200

Ce tableau met en évidence qu'en ce qui concerne notamment le froment et l'orge, les provinces des prairies, quoique nouvelles venues dans l'économie nationale, viennent de très loin en tête de la production.

Avec 474 199 000 boisseaux, la récolte de froment de 1923 a été un record quantitatif. Le record de rendement avait été atteint en 1915, avec 393 542 000 boisseaux pour 15 109 415 acres, soit près de 26 boisseaux à l'acre.

Deuxième en quantité [1] — le blé canadien est le premier du monde par sa qualité — il contient toujours de 60 à 70 p. 100 de blé dur n° 1 essentiellement panifiable. Un dixième environ

---

[1]. Le premier pays du monde étant les États-Unis; production en 1926 : 226,5 millions de quintaux métriques. (Canada 110,6 millions de quintaux.)

de la récolte est moulu sur place en farine; aussi l'industrie de la minoterie y est-elle extrêmement développée (30 millions de barils par an). Et l'on a l'impression que la culture du blé, qui a augmenté dans les dix dernières années de 70 p. 100, est encore appelée à faire un pas en avant, tandis que les terres cultivables incultivées disparaîtront du cadastre. Dans la province de Québec, l'étendue des terres cultivables est estimé à 24 500 000 acres; en 1923, 15 millions d'acres seulement étaient mis en valeur, ils représentaient une fortune de 783 millions de piastres (4 milliards 056 900 000 francs) et avaient fourni pour 219 154 000 dollars de céréales légumineuses, légumes et fourrages. La province avait en dernier lieu trois écoles d'agriculture à Sainte-Anne-de-la-Pocatière, Oka et Sainte-Anne-de-Bellevue, affiliées à ses universités.

La récolte de 1924 pour le Canada avait atteint, pour les autres productions du sol, les chiffres suivants :

Fèves (boisseaux)	1 194 100
Sarrasin (boisseaux)	11 412 000
Graines mélangées (boisseaux)	31 925 000
Lin (boisseaux)	9 694 700
Foin et trèfle (tonnes)	14 960 300
Pommes de terre (cwt 112 livres)	56 648 000
Pois (boisseaux)	3 239 000

La superficie des terres ensemencées en lin à filasse s'est considérablement accrue depuis 1917. Elle était alors de 10 000 acres et en atteignait, en 1920, 32 000 acres. Les études faites sur cette plante textile ont démontré que toutes les provinces canadiennes étaient habiles à recevoir le lin, à l'exception des provinces de prairies où la saison trop sèche ne conviendrait pas au développement des fibres. La qualité des lins canadiens les classe entre les lins français et belges de deuxième qualité et les lins russes.

La culture de la betterave à sucre s'est implantée dans l'Ontario et l'Alberta, où elle alimente trois raffineries.

Les efforts poursuivis dans ces dernières années par le ministère fédéral de l'Agriculture ont eu pour effet d'intensifier dans une certaine mesure la culture du tabac; la quantité de tabacs indigènes cultivés dans le pays s'est accrue dans les mêmes proportions [1].

La Colombie britannique, la Nouvelle-Ecosse, et surtout les provinces de l'Ontario et de Québec ont, dans leurs parties méridionales au moins, de magnifiques vergers. La pomme vient au premier rang, elle abonde notamment dans l'île du Prince-Edouard, la Nouvelle-Ecosse et l'île de Montréal où elle jouit d'une célébrité mondiale sous le nom de « pomme du Canada » et dans la province d'Ontario qui fournit 70 p. 100 de la production totale.

Tandis que la prune compte également parmi les principaux fruits de la province de Québec, la poire, la pêche, la cerise, la fraise, la framboise, la groseille sont l'objet d'une culture des plus prospères dans le district de Niagara (Ontario). Le climat doux de la Colombie britannique y a favorisé également l'éclosion de nombreux vergers. Toutes les variétés de petits fruits sont cultivées et récoltées dans le Nouveau-Brunswick. Un peu partout se sont créés des vergers de démonstration et d'expérimentation, les uns d'initiative gouvernementale, les autres équipés de toutes pièces par des sociétés telles que la Société pomologique de Québec, dont le nom seul contient tout le programme.

La vigne croît aussi dans le sud des provinces de Québec et d'Ontario, ses produits issus de ceps dont l'espèce existait déjà avant l'arrivée des Français sont des raisins à peau très ferme, à contenu un peu pulpeux; les plus appréciés d'entre eux sont en rouge le *Concow* et en blanc le *Magna*. Les vins sont surtout consommés doux.

Ainsi le Canada est richement pourvu de tous les produits du sol, que ceux-ci soient de première nécessité ou d'agrément. Et c'est un saisissant contraste que de voir ce pays, dont le nord est glacial et presque inabitable, présenter partiellement dans sa

1. Évolution de la production du tabac. (Milliers de quintaux métriques.)

	Ontario.	Québec.
1900	15,9	34,7
1913.	36,3	20,4
1912	50,0	67,7
1925 (ensemble) 132,7.		

partie méridionale des cantons aussi riches que nos plus fertiles cantons européens.

III. — LES RICHESSES DU SOUS-SOL ET LEURS INDUSTRIES DÉRIVÉES

Historique de l'exploitation des richesses du sous-sol. — L'exploitation des richesses du sous-sol canadien n'a guère commencé d'une manière intensive que dans les dernières années du dernier siècle. Vers 1880, on ne connaissait que les charbonnages et les mines d'or de la Nouvelle-Ecosse, les mines d'argent et de cuivre de l'Ontario (lac Supérieur), d'amiante de la province de Québec, et quelques gisements de phosphates de chaux. On savait que la Colombie anglaise avait de l'or alluvial et l'île de Vancouver, du charbon.

Ce n'était qu'un début, ne produisant guère plus de 6 millions de dollars à l'année. Le développement des chemins de fer allait, en exigeant plus de charbon, permettre d'autre part la prospection dans tout l'immense empire, et révéler plus d'une agréable surprise. Ce fut d'abord le fer, bientôt produit en quantités insuffisantes; la progression de l'amiante s'accentua dans la province de Québec (75 768 tonnes en 1910 contre 360 en 1880); on découvrit : en 1889, du nickel dans l'Ontario [1]; en 1892, du gaz naturel dans le comté d'Essex; en 1904, les riches gisements argentifères de la région de Cobalt [2]; en 1909, l'or de celle de Porcupine. En même temps les Montagnes Rocheuses livraient, un à un, aux prospecteurs, leurs filons précieux et variés et la Colombie britannique devenait, de toutes les provinces minières du Canada, la plus riche. A côté d'elle, l'Alberta se révélait riche en charbon tandis que, plus au nord, le Yukon voyait des mains enfiévrées se recroqueviller sur l'or de ses placers. En 1910, la production minérale du Canada dépassait 105 millions de dollars, chiffre largement dépassé depuis [3], ainsi qu'on le verra par la suite.

Le ministère des Mines (créé en 1907), comprend un *bureau des Mines* (Mines Branch), organisme technique d'études minières

---

1. A Sudbury, en creusant une tranchée pour le passage d'une voie ferrée.
2. Comme l'argent de Sudbury, en construisant une voie ferrée.
3. 241 245 898 dollars en 1926.

aux monographies très documentées [1] et une *Commission géologique* (Geological Survey) qui date de 1842 et qui a joué un rôle considérable dans la direction de la prospection de l'immense domaine minier.

Relations entre les grands phénomènes physiographiques et les gisements minéraux.

— Le *Geological Survey* dissèque le Canada en une série de phénomènes physiographiques bien définis.

C'est d'abord le *Plateau Laurentien* ou Bouclier canadien. Les roches en sont remarquables par la variété des minéraux utiles (presque tous ceux utilisés dans les arts et métiers), communs ou rares qu'elles renferment. On y trouve : l'or de *Porcupine* et de *Kirkland-Lake*, l'argent de *Cobalt* et de *Thunder Bay*, le nickel de *Sudbury*, le cuivre de *Pas*, les pyrites de *Northpines* et de *Gondreau*, le fer de *Michipicoten* et de *Moose Mountain*, et le mica, le feldspath, le graphite, le talc et le corindon de l'est de l'Ontario et de l'ouest de Québec.

Le second grand phénomène physiographique connu comprend la *Colombie britannique*, le *Yukon* et l'*Alberta*, embrassant une superficie de 1 300 milles de longueur et 400 milles de largeur. Les *Cordillères* conservent dans le Canada leurs caractéristiques du Mexique, des États-Unis et de l'Alaska; elles abondent en filons d'or, d'argent, de cuivre, de plomb ou de zinc, leurs cours d'eau sont riches en or d'alluvions, leurs pentes renferment des affleurements de charbon d'excellente qualité.

Les *Monts Apalaches* constituent le troisième phénomène. Là encore : caractères minéraux analogues à ceux de la région qui circonscrit la chaîne dans les États-Unis. On trouve : en *Nouvelle-Ecosse*, du sel, du gypse, du fer, de l'or, du manganèse, et de l'antimoine; dans le *Nouveau-Brunswick*, du charbon, du gypse, du fer, du gaz naturel, du pétrole et du schiste bitumineux; dans le *Québec*, de la chromite, de la pyrite, du cuivre, du plomb, du zinc, de l'or et de l'amiante.

Restent les *Basses-Terres* du *Saint-Laurent* et le plateau com-

---

1. C'est à une de ces monographies que nous avons emprunté la plupart des données qui suivent.

prenant les *Provinces de Prairies*. Supportées l'une et l'autre par des terrains sédimentaires gisant à plat, ayant l'une et l'autre un sol habile à la culture, ces deux grandes régions naturelles renferment l'une comme l'autre abondance de minéraux non métalliques : gaz naturel, sable bitumineux, lignite, pétrole, gypse. C'est ainsi que, notamment, l'*Alberta* a des lignites et de la houille bitumineuse, que des couches de sel gemme ont été trouvées près de *McMurray*, que les argiles les plus précieuses sont très répandues dans le sud de la Saskatchewan.

Les minéraux métalliques. — Les chiffres ci-dessous donneront un aperçu de l'ordre de grandeur de la production et de sa valeur, en ce qui concerne les minéraux métalliques :

	1922.		1924 plus important.	
	Quantités.	Dollars.	Quantités.	Dollars.
Métaux précieux (onces fines)				
Or	1 263 364	26 116 050	1 516 360	31 345 941
Argent	18 581 439	12 576 758	20 243 846	»
Onces				
Platine	469	45 783	»	»
Rhodium	»	»	»	»
Osmium.	392	31 360	»	»
Iridium	»	»	»	»
Ruthenium . . .	»	»	»	»
Métaux non précieux				
Fer (tonnes). . .	382 962	8 819 242	664 187	16 604 675
Nickel (livres) . .	17 597 123	6 158 993	66 536 550	19 470 178
Plomb — . .	93 307 171	5 817 702	177 756 076	14 405 353
Zinc (livres) . . .	56 290 000	3 217 536	»	»
— (tonnes). . .	28 145	»	49 859	6 274 792
Cuivre (livres) . .	42 879 818	5 738 177	104 457 447	
Cobalt — . .	569 960	1 852 370	»	»

Or. — L'or *se trouve partout* au Canada, sauf dans l'île du

Prince-Edouard. Il est naturellement, au point de vue rendement, le minerai métallique le plus intéressant. Voici comment
se répartit, par provinces, le revenu de l'exploitation indiqué
pour 1924.

Dollars.

	Dollars.
Ontario	25 675 017
Colombie britannique	4 890 769
Territoire du Yukon	722 005
Nouvelle-Écosse	21 623
Québec	19 452 [1]

Comme on le voit, Ontario vient nettement en tête avec le
district de Porcupine dont les trois mines Hollinger, Dome et
McIntyre ont à leur actif les quatre cinquièmes de la production
globale du Dominion.

Antérieurement avant la prospection de Porcupine, le district
le plus important était Lake of the Wood dans l'Ontario. Après
l'Ontario viennent la Colombie britannique (mines mixtes de
roches dures de Premier (argent-or), de Rossland, Britannia-
Beach, Anno (cuivre-or) et mines de quartz aurifères de Salmo,
Hedley, Atlin et Stewart. Puis c'est le Yukon (ancien Klondyke),
avec Creeks, Bonanza, Eldorado, Hunker et autres traités par
dragage et les quartz aurifères des districts de Conrad et autres
lieux.

Argent. — Parmi les pays producteurs d'argent, le Canada
occupe le troisième rang. L'Ontario l'emporte actuellement sur
la Colombie britannique avec ses gisements du district de Cobalt
et ceux des cantons de South-Lorrain, Gowganda, Casey et Elk-
Lake (il s'en trouve aussi dans la région de Sudbury). La Colombie britannique tire son argent de mines qui existent dans les
Kootenays et de sa mine Premier. Le Yukon a des galènes argentifères au voisinage de Keno-Hill, celles de la Nouvelle-Ecosse
sont associées avec de la blende (East-Bay, Musquodoboit). Quant
à la province de Québec son argent est mélangé à du cuivre

---

1. Débutante en 1884, la production d'or fin a atteint, en 1926, 53,8 tonnes
métriques (38,3 en 1922 et 47,4 en 1924).

pyriteux dans les cantons de l'Est et à du plomb zincifère à Notre-Dame-des-Anges (comté de Portneuf).

Autres métaux du groupe platine. — On les trouve principalement associés avec les minerais de cuivre nickelifère dans l'Ontario. Quand ces minerais sont fondus, les métaux précieux restent inclus dans des masses d'où on les récupère par affinage électrolytique.

Fer. — La production du minerai de fer du Canada est en décroissance très sensible depuis 1915, année en laquelle elle avait atteint 351 000 tonnes. C'était l'Ontario qui produisait le plus de minerai de fer de tout le Dominion avec le territoire de Michipicoten (mine Helen) et les magnétites siliceuses de Moose-Mountain. La Colombie britannique et la province de Québec contiennent, elles aussi, des gisements de magnétite, de limonite et d'hématite. Mais la production de Terre-Neuve est bien supérieure à celle de tout le Dominion.

Nickel. — Le nickel se trouve en gîtes importants au Canada qui en fournit plus de 90 p. 100 de l'approvisionnement du monde entier : 1 281 000 tonnes métriques en 1924. *Il provient entièrement de l'Ontario* et surtout de Sudbury (pyrrhotine nickelifère contenant, entre autres sels métalliques, 2 p. 100 de pentlandite ou sulfure de fer nickelifère); la mine Alexo du district de Porcupine et les minerais complexes de cobalt en donnent également, bien qu'en quantités moindres.

Plomb. — La Colombie britannique l'emporte en ce qui concerne le plomb que l'on trouve aussi par ailleurs, dans l'Ontario et le Québec. En Colombie, il provient surtout des districts de Kootenay (mine Sullivan, près de Kimberley, une des plus grandes mines de plomb zincifère du monde); dans le Yukon, ce sont les mines de plomb argentifère du district de Mayo. La galène-blende est exploitée, par ailleurs, dans l'Ontario (canton de Longhboro), dans la province de Québec (Notre-Dame-des-Anges), dans la Nouvelle-Écosse. Le Canada a fourni en 1926 127 500 tonnes métriques de minerai de plomb.

Zinc. — (67 200 tonnes métriques en 1926.) Le zinc canadien vient surtout de la Colombie britannique (galène-blende de la mine Sullivan). On en trouve cependant un peu dans l'Ontario (Rossport et Comté de Frontenac) et dans Québec (canton de Lemieux à l'intérieur de la Gaspésie); l'exploitation jadis très productive de Notre-Dame-des-Anges est en régression sérieuse.

Cuivre. — Les divers minerais de cuivre (cuivre natif, carbonates, oxydes et sulfures) sont nombreux dans le sous-sol canadien; mais les minerais de sulfures : chalcopyrite et bornite, les seuls qui aient à l'heure actuelle quelque valeur commerciale, se trouvent surtout dans la Colombie britannique (mines Phoenix, Kamloops, Copper Mountain à l'intérieur de cette province; gisements Britannia Beach sur la côte sud; Anyox [1] sur le canal de Portland; Sinfinlet et Sydney Inlet dans l'archipel). Dans l'Ontario, à côté des exploitations des districts d'Algoma et de Thunden Bay, c'est encore Sudbury qui vient en tête avec ses cuivres nickelifères (pyrrhotine et chalcopyrite mélangées). Dans la province de Québec, le cuivre est récupéré à partir des minerais de pyrite de la région de Sherbrooke (mine Eustis) et du comté de Wolfe (mine Weedon). Le Manitoba a, lui aussi, des pyrites (chalcopyrite et blende) dans la région de Mandy et du lac Flin-Flon; les dépôts de cuivre sont importants dans le Yukon, près de Whitehorse. La production en voie de progression constante a donné, en 1926, 63 000 tonnes de métal.

Cobalt. — Le cobalt s'extrait à partir des minerais d'argent-cobalt-nickel du district de Cobalt dans l'Ontario (smaltite et cobaltite); il figure aussi à l'état de constituant secondaire dans les minerais de nickel-cuivre de Sudbury.

Autres minerais métalliques. — La prospection par le Geological Survey des autres minerais métalliques a donné les résultats suivants :

Aluminium : On n'a pas trouvé de bauxite, mais le Canada a

---

1. Dont la mine Hidden Creek fournit près des 3/4 de la production du Canada.

de très fins feldspaths qui pourront sans doute, dans l'avenir, être utilisés comme minéraux d'aluminium.

Antimoine : Existe en faibles quantités dans la province de Québec (South Ham); dans la Colombie britannique (sous-produit dans l'affinerie du plomb), et le Yukon; et dans les provinces maritimes (West Gate en Nouvelle-Ecosse, Prince-William dans le Nouveau-Brunswick).

Arsenic : L'arsenic existe notamment dans les minerais d'argent de Cobalt, à l'état de mispickel dans l'Ontario et en Nouvelle-Ecosse.

Manganèse : Existe dans les provinces maritimes et la Colombie britannique.

Mercure : Un peu de mercure a été récupéré à Kamloops, dans la Colombie britannique, et dans le district de Cobalt dans l'Ontario. L'île de Vancouver a un gisement de cinabre et de mercure natif, lequel est signalé comme étant capable de donner quelques résultats.

Molybdène : La guerre a amené l'extraction du molybdène. La molybdénite vient principalement de la mine Moss à Quyon (comté de Pontial, Québec), dont le rendement a été jusqu'à atteindre, en 1918, 350 000 livres.

Etain : Les sels d'étain ont été découverts en Nouvelle-Ecosse (New-Ross), en Nouveau-Brunswick (wolframite de Burnthill) en Colombie britannique, et dans le Yukon.

Titane : Les minerais de titane les plus avantageux sont le rutile, l'ilménite et la magnétite titanifère, qui se présentent surtout dans les provinces de Québec et de l'Ontario.

Minerais non métalliques. — Le sous-sol du Canada abonde aussi en autres gisements, parmi lesquels viennent au premier rang comme minerais non métalliques le *charbon* et l'*amiante*, et comme minerai à production de carburant, le *gaz naturel*.

Charbon. — Les ressources du Canada en charbon constituent son plus riche capital minéral. Compte tenu du lignite, du charbon bitumineux ou houille grasse et de l'anthracite; elles ont été estimées en 1913 à 1 234 000 millions de tonnes métriques, dont

286 000 millions de tonnes métriques en qualité supérieure (elles ne seraient dépassées à cet égard que par celles des États-Unis et de la Chine).

Ce sont *l'Alberta, la Saskatchewan et la Colombie britannique* avec leur charbon, soit bitumineux, soit de lignite, qui ont la plus grande part dans ces réserves; celles de l'Alberta et de la Colombie britannique comprennent également des anthracites. Comox et Nanaïmo, sur l'île de Vancouver, sont parmi les districts producteurs les plus importants.

Les charbons de Nouvelle-Écosse sont très bitumineux (les plus grands gisements au Cap-Breton sont exploités en majeure partie par chantiers sous-marins). La province d'Ontario n'a qu'un lignite de mauvaise qualité. La province de Québec n'a pas de charbon et est à cet égard tributaire des provinces voisines ou de l'importation. Le tableau ci-dessous donne la répartition de la production en l'année 1923 (en laquelle elle est passée par un maximum), ainsi qu'en l'année 1924.

	1923. (Tonnes.)	1924. (Tonnes.)
Nouvelle-Écosse.	6 597 838	5 557 429
Alberta.	6 854 397	5 175 226
Colombie britannique	2 823 306	2 190 714
Saskatchewan.	438 100	477 191
Nouveau-Brunswick.	276 617	215 632
Yukon.	313	1 121
	16 990 571 [1]	13 617 313 [2]
Valeurs en dollars	72 058 986	54 885 239

Autres combustibles ou carburants. — Les autres combustibles ou minerais à production de carburants sont :

1° Le *gaz naturel*, qui se trouve un peu partout, sauf dans les provinces maritimes et la Colombie britannique. Le plus ancien district à gaz qui ait été exploité se trouve au nord du lac Érié, certains puits ont donné de 100 000 à 1 million de pieds cubes

---

1.   1923.   1924.

Dont : houille et lignite.   15 414 000   12 370 000,

2. En 1926, il a été extrait 11 556 000 tonnes de houille et lignite.

de gaz par jour, mais, comme la production va en diminuant, la consommation a dû en être contingentée. Actuellement, le gisement qui a le meilleur rendement est celui de Medicine-Hat dans l'Alberta; le gaz dessert par l'intermédiaire de canalisations un certain nombre de centres dont Calgary, Lethbridge, McLeod et autres.

L'Alberta possède d'autres terrains à gaz à Edmonton et Pouce-Coupé, le Nouveau-Brunswick a ses puits dans la région de Moncton.

La production de l'Ontario a été, en 1924, de 7 422 512 mètres cubes.

2° Le *pétrole*, actuellement moins abondant que de 1891 à 1900 (45 000 tonnes métriques en 1925). Il provient soit de gisements de schistes pétrolifères (Nouveau-Brunswick, Nouvelle-Ecosse et Alberta), soit de sondages développés dans la plupart des districts à gaz naturel.

De grands espoirs furent mis, il y a douze ans, sur les sondages qui avaient été pratiqués dans l'Alberta. ce fut le « boom » de Calgary, suivi d'amères déceptions. Actuellement, quelques espoirs de reprise sont permis, principalement dans le champ de Turner Valley et dans celui d'Irma Wainwright.

Les essais dans la région gazifère de Medicine-Hat ont été peu concluants. On a cherché, d'autre part, autour de Sweetgras une correspondance aux puits américains de l'Etat de Montana. Il semble bien, en tout cas, étant donné l'immensité de son territoire, que le Canada n'ait pas dit son dernier mot au point de vue pétrolier, et qu'il puisse donner plus que ses 170 obo barils de 1925.

Tourbe. — Des gisements de tourbe très étendus commencent à être l'objet d'une exploitation rationnelle dans les provinces de Québec et l'Ontario.

L'amiante. — Le terme amiante s'applique à une classe de minéraux dont les propriétés caractéristiques consistent en une incombustibilité associée à une texture filamenteuse, ce qui permet de les filer et de les tisser pour en fabriquer des tissus à l'épreuve du feu.

Les régions productives d'amiante sont pratiquement limitées aux contrées de *l'est de la province de Québec.* Dans ces districts, les principales mines en exploitation sont répandues sur une distance d'environ 24 milles sur une grande zone de peridotite [1] serpentinisée dans les cantons de Broughton, Thetford et Coleraine, avec des carrières au sud-ouest dans le canton de Shipton.

L'amiante canadien est le chrysotile ou variété serpentineuse; sa tendreté, sa nature soyeuse et sa résistance à la traction le font apprécier principalement pour les matières textiles amiantifères.

L'amiante à longues fibres (*crude*) est séparé de la roche sur le carreau de la mine par réduction des blocs à petits coups de dynamite et triage à la main. C'est l'amiante le plus recherché. Viennent ensuite dans les mercuriales par ordre de valeur décroissante, trois espèces de fibres, et *l'asbestic.*

Les pays producteurs d'amiante ne sont pas nombreux [2] et le Canada est un des premiers. Sa production, qui était de 380 tonnes, en 1920, était passée à 75 671 tonnes. En 1922, elle a été de 163 706 tonnes évaluées à 5 572 723 dollars.

Autres minéraux non métalliques. — Le Geological Survey indique comme premier groupe de minerais non métalliques exploités au Canada, *les abrasifs.* Ce sont : le *corindon* (sesquioxyde d'aluminium) repéré dans l'Ontario depuis 1900 et remplacé actuellement par des produits artificiels moins coûteux; le *grès,* extrait dans la Nouvelle-Ecosse et le Nouveau-Brunswick et qui donne des pierres meulières de bonne qualité; la *terre à diatomées* ou tripoli qui existe au fond de nombreux lacs des provinces maritimes (lacs des environs de Castlereagh et lac Fitzgerald), et de la Colombie britannique.

Puis ce sont : l'*actinote* (silicate fibreux de magnésium employé pour la couverture des toits), extrait d'Actinolite dans l'Ontario; la *barytine* (sulfate de baryum employé par les fabriques de peinture) extraite autour du lac d'Ainsley en Nouvelle-Ecosse (300 tonnes annuelles environ); la *célestine* (sulfate de strontium) qui a été exploitée dans l'Ontario; la *chromite* (canton de Coleraine, dans le Québec).

1. Roche ignée et métamorphique.
2. Argentine, Australie, Canada, Chypre, Finlande, Rhodésie, Russie.

Le *feldspath* du Canada jouit d'une réputation très méritée, il vient uniquement des provinces d'Ontario et de Québec, où il est très abondant, mais exploité uniquement à proximité de voies ferrées en raison de son prix de vente relativement bas (un peu moins de 10 dollars la tonne). Il s'en extrait environ 50 000 tonnes par an. La *fluorine* est exploitée dans l'Ontario et la Colombie britannique (mine de Rock-Candy près de Grand-Forks).

Le *graphite* se trouve un peu partout, sauf dans les provinces des prairies. Pour cette production, l'Ontario vient en tête avec la mine Black Donald, qui est le plus grand gisement de graphite en lames connu en Amérique. Le gîte est un filon vertical, qui a donné, en 1924, 1 288 tonnes. Dans la province de Québec, les dépôts de Buckingham. Lachute, Saint-Jovite-Station et Guenette-Station ont donné en 1924 90 429 livres.

Les gisements de *gypse* sont nombreux et ont donné en 1922 552 965 tonnes; ceux de *mica*, dont Ottawa est le grand centre producteur, 3 349 tonnes.

Les sulfates de magnésium et de sodium s'extraient principalement des petites lacs salés de la Saskatchewan (lac Muskiki notamment); le *sel*, soit sous forme d'eaux naturelles salées ou de couches de véritable sel gemme, se rencontre dans presque chaque province du Canada. Il donne lieu à une très importante industrie dans les comtés qui avoisinent le lac Saint-Clair et la partie sud du lac Huron (Ontario); les quantités extraites sont de l'ordre de 200 000 tonnes par an.

Le Canada est la source principale de *talc* de l'Empire britannique. Le centre essentiel de cette extraction est Madoc dans le comté de Hastings (Ontario). Il y en a d'autres gisements dans l'Ontario, même dans la province de Québec, dans la Colombie britannique (stéatite du mont Whymper), dans la Nouvelle-Ecosse.

Les *argiles* sont en gisements nombreux : argiles à poterie de la province de Saskatchewan, kaolins des comtés d'Argenteuil (Québec), argiles à briques des provinces maritimes et du Manitoba, argiles à faïence blanche d'Oshawa dans l'Ontario, argiles réfractaires de la Colombie britannique (montagne de Sumas) et de la Saskatchewan (collines de « Dirt Hills »). La présence de matières premières propres à faire des ciments est extrêmement commune et donne lieu à une abondante production de ciment, surtout dans l'Ontario et la province de Québec.

Houille blanche. — Bien que la houille blanche ne soit qu'une richesse du sous-sol transformée, il nous est apparu bon, avant de présenter le tableau des industries qu'elle vivifie, d'en exposer le formidable développement en ce point de notre étude, à côté des combustibles variés dont nous avons signalé la présence.

On estime à 41 millions de CV la force hydro-électrique que l'on serait à même de retirer de l'équipement de toutes les chutes d'eau du Canada. Le Saint-Laurent à lui seul est jugé « bon » pour 3 millions et demi de CV; les chutes grandioses de la rivière Niagara représentent 740 000 CV; l'Ontario et ses affluents pourraient, d'après un document officiel, fournir dans un rayon de 80 kilomètres 900 000 CV. A l'ouest, on évalue à 500 000 CV le potentiel de la rivière Winnipeg; à 2 millions et demi de CV celui de la Nelson; à 1 million de CV les ressources en énergie hydro-électrique que renferme la région qui entoure Vancouver.

Bien que ces diverses évaluations soient fatalement théoriques, le chiffre qu'elles indiquent dans chaque cas est loin d'être encore utilisé à l'heure qu'il est. Pour l'ensemble du potentiel du Dominion, on en était, à la suite des progrès remarquables réalisés au cours de 1921 et de 1922 (1/2 million de CV équipés), arrivé à capter en 1923 la neuvième partie environ. Sur ces 2 204 000 CV[1], 648 000 CV étaient propriété de municipalités ou de services publics, 484 000 CV appartenaient à des compagnies de fabrication de pulpe et de papier, 285 000 CV étaient propriété de diverses entreprises. Actuellement on en est arrivé à un aménagement total de 4 556 000 CV; en 1925, il a été produit plus de dix billions de kilowatt-heures. Heureux pays qui a en énergie hydro-électrique des ressources presque illimitées, et qui dispose, dès à présent, par tête d'habitant, d'une moyenne de près de 400 CV, infiniment supérieure à celle du pays voisin.

En 1923, 2 870 000 CV étaient encore demandés à des moteurs fixes primaires; cependant on comptait déjà 563 usines et centrales, dans lesquelles était investi un capital de 581 472 583 dol-

---

1. En 1900, l'aménagement total n'était que de 150 000 CV. utilisés par des usines et des moulins établis çà et là.

lars, et la production avait atteint 9 315 000 billions de K. W. H., représentant une vente de 91 111 296 dollars. On voit que si les chutes ne manquent pas, il ne manque pas non plus de capitaux pour les équiper. Les valeurs d'électricité sont en effet très recherchées sur les marchés financiers domestiques et étrangers à cause de leur peu d'aléa et de leur bon rapport.

Dans les provinces du Manitoba, de la Saskatchewan, de l'Alberta et dans les Territoires, les forces hydrauliques sont placées sous le contrôle administratif du gouvernement fédéral; dans les autres provinces, elles sont administrées par leurs gouvernements respectifs. Actuellement, on ne peut plus, comme dans le passé, aux débuts de l'organisation hydro-électrique du pays, acquérir des chutes par achat, la méthode adoptée est de les céder à bail. Dans les provinces qui ont conservé leur autonomie dans la libre disposition de leurs chutes (à l'exception de celle de Québec), des commissions d'énergie hydro-électrique ont été créées pour exploiter des usines de forces hydrauliques et des systèmes de transmission comme entreprises publiques.

Le rôle de la houille blanche dans l'économie canadienne est considérable et le sera encore bien plus par la suite. C'est elle, en effet, qui a permis hier et qui permettra demain l'établissement d'industries dans des régions qui, sans elle, n'auraient jamais été à même de procurer au railway des revenus justifiant sa construction. Elle se révèle donc dans l'avenir comme devant être un puissant facteur de colonisation. En outre, il est très vraisemblable que, dans un avenir prochain, les forces hydrauliques remplaceront en grande partie le charbon sur les réseaux ferroviaires canadiens.

On ne saurait trouver de plus frappant exemple de l'influence de la houille blanche sur le développement économique du Canada qu'en étudiant l'évolution de l'industrie de la pulpe et du papier. Les exportations de cette industrie s'étaient montées en 1890 à 120 dollars, en 1920 elles avaient été de 107 808 301 dollars, en 1925 elles furent de 142 585 144 dollars.

Les manufactures de pulpe et de papier, auxquelles il faut pratiquement 100 CV pour fabriquer une tonne de papier par jour, et leurs industries connexes ont utilisé en 1925, 2 millions 1/2 de K. W. H. (équivalent de l'énergie produite par 5 millions de tonnes de charbon).

Le développement de l'industrie hydro-électrique a eu également une répercussion sensible sur celui de l'industrie minière. Plusieurs des mines que nous avons énumérées occupent en effet, dans l'ensemble du territoire, des positions géographiques telles qu'il serait extrêmement coûteux, soit d'avoir à y amener du charbon pour le traitement du minerai, soit d'avoir à transporter le minerai vers des centres de traitement. L'existence, à proximité des gisements, des chutes d'eau dont l'aménagement a été possible a permis d'abord une extraction plus aisée, ensuite un traitement sur place, traitement à la suite duquel on est maintenant à même d'expédier des produits finis ou tout au moins demi-finis généralement moins encombrants.

Le potentiel hydro-électrique du Canada est une garantie certaine d'un essor prochain d'une ampleur extrême, basé sur l'utilisation rationnelle et complète de toutes les richesses encore inexploitées.

La transformation des minéraux. — 1° MÉTALLURGIE. — La métallurgie canadienne est aux mains de puissantes sociétés dont certaines sont liées par des communautés d'intérêts étroites avec les grands trusts des Etats-Unis voisins.

Fer. — Les grands centres sidérurgiques sont : *dans l'Ontario* où ils traitent en majeure partie des minerais provenant des Etats-Unis, *Hamilton* (Steel Cy of Canada), *Sault-Sainte-Marie* (Algoma Steel Corporation), Ojibway (Canada Steel Corporation, filiale de la Canadian Steel Corporation) et en *Nouvelle-Ecosse*, Sydney, où la British Steel Corporation est à même de traiter journellement 2 100 tonnes de fonte à partir des minerais de Terre-Neuve.

Cuivre et nickel. — La mine d'Anyox appartient à la Granby Consolitated Mining Smelting and Power Cy qui a, à côté d'elle, une grande fonderie de cuivre. Celle de la Consolidated Mining and Smelting Cy se trouve à *Trail*, en même temps qu'une usine d'affinerie électrolytique. Quant à la Britannia Mining and Smelting Cy, elle expédie des concentrés à Tacoma aux Etats-Unis. Dans *l'Ontario*, le cuivre et le nickel sont traités concurremment : par l'International Nickel Cy of Canada [1] à *Copper Cliff* (fonderies) et à *Port Colborne* (affineries), par la Mond Nickel Cy; à Coniston (fonderies), et à Clydach (affineries), par la British American Nickel Corporation (fonderies à Nickelson, affineries à Deschènes). Ces usines font également de la récupération de platine.

Plomb, argent et zinc. — En tête de la production vient la Consolidated Mining and Smelting Cy, avec son groupe d'usines d'affinerie électrolytique de *Trail*, où elle traite le plomb, l'argent et le zinc.

Aluminium. — Bien que l'on n'ait pas trouvé de minerai d'aluminium au Canada, on traite à *Shawinigan Falls* (Québec), au cœur d'un district dans lequel l'énergie hydro-électrique est disponible à très bon marché, des bauxites d'importation. Une des plus grandes usines du monde est celle de la Northern Aluminium Cy qui fabrique de l'aluminium métallique.

Et voici encore un exemple caractéristique de district ayant acquis, à la faveur de la houille blanche, une puissance industrielle récente. La Shawinigan Water and Power Cy s'est fondée en 1898 pour l'utilisation des chutes Shawinigan sur le Saint-Maurice; maintenant elle alimente tout à côté d'elle la Belgo-Canadian Pulp and Paper Cy (200 tonnes de papier journal par jour), la Canadian Electro Products Cy, la Canada Corbide Cy et la Carborundum Cy de Niagara Falls, le Shawinigan Cotton Cy. Shawinigan Falls, hier inexistante, a maintenant environ 12 000 âmes; de plus, son énergie électrique a permis l'exploitation des amiantes de la province.

2° AUTRES INDUSTRIES DÉRIVÉES DE L'EXTRACTION DES MINÉRAUX NON MÉTALLIQUES. — *Pierres meulières.* — Le défibrage des bois exige une exploitation régulière et intensive des grès pour la fabrication des pierres meulières. Celles-ci varient infiniment quant à leur taille, le poids des plus grosses d'entre elles peut atteindre 2 tonnes et demie; elles mesurent en général 54 pouces de diamètre et ont une épaisseur de 27 pouces. Comme elles exercent sur les bûches à elles présentées une pression de

---

1. Déjà syndicat de compagnies minières.

125 livres au pouce carré, elles sont soumises à une usure très rapide et il y a fréquemment lieu de les renouveler.

Abrasifs artificiels. — Les abrasifs artificiels sont des produits fabriqués au four électrique. Six usines en fabriquent dans le Canada.

Amiante. — Nombreux sont les objets que l'on exécute en amiante, laquelle possède la propriété de pouvoir supporter sans altération des températures de 800° à 1 000° F. On en fait des rideaux de théâtre, des vêtements protecteurs, des rondelles et garnitures de pistons, des enveloppes calorifuges, etc. Le groupe mines-usines le plus important est l'Asbestos and Mining Corporation.

Kaolin. — Le kaolin fait partie des substances minérales qu'on incorpore en cours de fabrication aux papiers. La quantité varie de 5 à 10 p. 100 suivant la qualité du produit en cours de fabrication. Le gisement de *Saint-Rémi-d'Amherst* est exploité par le Canadian China Clay Company Ltd, et la production du pays est loin de suffire aux besoins de son industrie de la pulpe et du papier.

Mica. — Ottawa est le siège des ateliers qui travaillent le mica et le principal marché de ce minéral, qui est vendu, soit en feuilles préparées, soit sous forme d'éclats. Ceux-ci sont mêlés comme paillettes très minces avec de la gomme-laque, pour faire du carton-mica. Les restes sont broyés sous forme de poudre dont on se sert pour papiers de toiture, feutres, caoutchoucs et produits divers.

Pétrole. — Quelques sociétés d'exploitation et de raffinage se partagent la production pétrolifère, relativement faible. Les plus favorisées dans ces dernières années ont été la Vulcan Oils Cy (puits Royalite n° 4), et le McLeod Oil Cy, l'Imperial Oil Cy, qui opèrent dans le champ de Turner Valley.

Pyrites. — Presque toute la production de pyrites du Canada était absorbée jadis par les usines d'acide sulfurique des Etats-Unis, mais leur remplacement par un soufre natif à très bas prix a sérieusement compromis leur exploitation. La Nicholls Chemical Cy, alliée à titre subsidiaire avec la General Chemical Cy de New-York, a en main cette fabrication.

IV. — L'Industrie et le commerce canadiens

L'industrie. — Disposant des nombreuses matières premières et de considérables éléments de force motrice dont nous nous excusons de n'avoir donné qu'un rapide aperçu, l'industrie canadienne se présente comme un bloc puissant en voie de continuel accroissement.

Nul pays au monde, pas même l'Allemagne, n'a progressé dans le même temps, à une telle allure. L'exportation industrielle, qui de 1890 à 1900 ne représentait guère que 7 1/2 p. 100 de l'exportation totale du Dominion, s'élève aujourd'hui à 40 p. 100.

Les établissements industriels du Canada étaient en 1923 au nombre de 22 642 employant 525 127 personnes et représentant un capital investi de 3 380 322 950 dollars et un matériel d'une valeur de 1 470 140 139 dollars.

Les Européens qui connaissent quelque peu le Canada ont une fâcheuse tendance à s'imaginer que le Dominion n'est à même d'exporter que du blé et des produits laitiers. C'est une erreur profonde. La valeur des produits manufacturés en 1923 a atteint 2 781 165 154 dollars. Nous extrayons d'ailleurs de la statistique de l'année en question les chiffres suivants :

	Nombre des Établissements.	Capital investi.	Valeur des produits.
	—	(Dollars.)	(Dollars.)
Pulpe et papier	110	417 611 678	184 414 675
Minoteries	1 387	60 556 587	154 895 991
Sciage et débitage des bois.	2 883	155 638 059	139 894 677
Abattoirs et conserves de viandes	76	53 058 776	138 218 909
Beurres et fromages . .	2 982	31 758 316	106 405 412
Automobiles.	10	60 146 195	96 614 176
Lumière et énergie électrique.	957	581 472 583	91 614 296
Coton, laine et tissus. .	34	82 843 739	79 333 985
Raffineries de sucre . .	7	45 618 182	77 004 026
Fonderies et Forges . .	321	88 325 248	70 283 006

	Nombre des Établissements.	Capital investi. (Dollars.)	Valeur des produits. (Dollars.)
Matériel roulant. . . .	21	59 237 975	68 213 887
Caoutchouc	40	56 061 625	56 512 947
Appareils électriques. .	108	65 077 942	51 360 400
Imprimeries et éditions.	1 373	75 254 847	84 125 126
Boulangeries et biscuiteries	1 980	28 231 856	48 859 478
Bonneteries	153	45 073 360	47 521 576
Corroiries et cordonneries.	186	30 533 591	45 596 012
Raffineries de pétrole. .	14	60 288 861	44 715 176
Aciéries et ateliers de construction.	22	82 880 333	44 715 176
Menuiseries et autres. .	793	43 317 824	43 715 176
Industrie vestimentaire.	486	41 367 070	79 676 905
Tabac, cigares et cigarettes	111	31 312 210	42 176 997
Tôleries.	105	29 072 727	31 020 320
Brasseries	52	38 384 708	29 260 243
Fabriques de machines.	141	50 908 442	28 901 052
Industries d'ameublement	364	32 183 661	26 234 983
Instruments agricoles .	67	92 277 040	26 026 419
Pêcheries et conserves de poissons	938	24 027 549	25 374 763
Acides, alcalis et sels. .	47	36 436 315	23 912 992
Tanneries.	123	30 348 468	23 613 165
Accessoires automobiles.	60	18 241 996	22 000 640
Couleurs et vernis. . .	57	20 806 909	21 553 158
Électro-métallurgie. . .	4	»	21 355 594
Quincailleries	106	31 675 780	20 320 224
Tréfileries.	48	18 388 722	19 991 525
Gaz d'éclairage. . . .	45	45 526 405	19 605 340

On voit que le Canada peut rivaliser avec les pays les mieux dotés au point de vue industriel, notamment en ce qui concerne les machines-outils, les machines agricoles, les appareils de minoterie, les instruments de musique, le savon, le sucre, les chaussures, etc.

Activité industrielle de quelques grands centres. — Sans nous perdre dans trop de détails, nous croyons utile d'indiquer ici quelles sont les bases de l'activité industrielle de quelques grands centres canadiens.

Montréal. — La ville n'a pas moins de 1 400 usines qui la classent en tête de l'industrie du Dominion. Parmi elles on compte des minoteries, des scieries, des abattoirs, d'immenses manufactures de locomotives, de wagons [1], des fabriques de poutres de fer et d'acier, d'automobiles, d'appareillage électrique, d'articles en caoutchouc, de machines, de tabacs, de chaussures, de vêtements, de lainages, de peinture, de meubles et de voitures, des raffineries de sucre, des soieries, des filatures. Elle est le siège principal des compagnies de téléphone et de télégraphe.

Québec. — 835 établissements, sans compter 2 500 magasins, bureaux d'affaires ou autres, telle est la force de Québec dont les principales industries, en dehors de celles qui dérivent de l'activité minière, consistent en : fabriques de chaussures et tanneries, fabriques de machines, imprimeries et reliures, usines où l'on travaille le bois, fabriques de conserves et de vêtements, brasseries, manufactures de tabacs et de corsets.

Toronto est un très grand centre qui occupe 106 630 ouvriers dans 3 833 usines (habillements et fourrures, 200; métallurgie et construction mécanique, 200; industries chimiques, 50; imprimeries, 120; joailleries-bijouteries, 40; fabriques de chaussures, 16, etc.).

C'est un grand port d'eau douce et les usines, si nombreuses aux alentours, en tirent de grands avantages pour le débouché de leurs produits.

Ottawa a des usines qui traitent des bois et des produits dérivés, elle a des moulins à papier, des manufactures d'allumettes, des fonderies, des cimenteries, des usines à mica et des industries vestimentaires.

Hamilton est un grand centre de filature et de tissage, de machines agricoles, de fils électriques, de fabriques de tabacs et

---

1. Ex. : Usine Angus où le Canadian Pacific fait construire et réparer son matériel de traction et son matériel roulant.

d'automobiles; on y construit du matériel industriel, et notamment des élévateurs.

Winnipeg est, en même temps qu'un centre industriel, le plus grand marché de céréales du monde.

Partie des vieilles provinces où elle occupe maintenant une place prépondérante dans le travail local, l'industrie gagne insensiblement vers l'ouest, suivant en cela le développement du rail et du câble électrique qui tendent à déplacer lentement le centre de gravité économique du pays.

Les banques. — Le système bancaire du Canada est régi par le *Bank Act*, renouvelable tous les dix ans, dont une disposition très importante permet aux banques de prêter sur reçu de marchandises, disposition fondamentale dans un pays à grosses exploitations agricoles, car elle donne à la banque un droit hypothécaire sur la marchandise. Ce droit accompagne la marchandise à travers toutes ses étapes, et amène la banque sans aucun risque au moment de l'échange contre la traite et le remboursement.

Le système bancaire du Canada est des plus solides, il comprend des banques centrales avec des succursales dont chacune fait pratiquement toutes opérations de banque et ouvre des comptes d'épargne qui fonctionnent comme des comptes courants ordinaires. Les dix-sept banques à charte qui ont près de quatre mille succursales ont pouvoir d'émission, leurs billets circulent concurremment avec ceux de l'Etat fédéral, dont l'émission se trouve de ce fait infiniment réduite.

Il ne peut être émis de billets qu'à concurrence du capital versé et des fonds déposés aux « réserves centrales d'or »; toutefois, pendant la période en laquelle s'effectuent la vente et le transport des récoltes, les banques sont autorisées à dépasser le plafond du 15 p. 100. Les porteurs de billets ont un privilège de premier rang sur tout l'actif de la banque.

La puissance des banques canadiennes trouve sa confirmation dans le fait que, bien qu'issues et travaillant au sein d'un pays de moins de 10 millions d'habitants, elles ont été à même de fonder des filiales dans 14 colonies britanniques et 17 pays étrangers.

La plus puissante des banques à charte est la Bank of Montreal ; puis ce sont : la Royal Bank of Canada et la Canadian Bank of Commerce. Les Banques d'Hochelaga, Nationale et Provinciale du Canada sont franco-canadiennes d'origine et traitent la majorité de leurs opérations dans la province de Québec.

Le commerce. — L'activité commerciale du Canada s'accroît [1] d'année en année. Le tableau ci-dessous permettra de comparer les résultats de 1925 avec ceux de 1926 :

	1925. (Dollars).	1926. (Dollars.)
Produits agricoles	1 153 394 000	1 131 241 000
Pulpe et papier	202 780 000	225 000 000
Minéraux	226 583 800	242 886 000
Pêcheries	32 600 000	36 000 000
Matériaux de construction.	297 973 000	372 967 000

	Tonnes.	Tonnes.
Production de fer	570 000	737 000
Production d'acier	752 700	776 800
Production de farines. . .	16 826 000	17 250 000

	Milliers de livres.	Milliers de livres.
Sucre raffiné.	970 827	976 036
Importation de coton brut.	121 700	134 700
Importation de caoutchouc brut.	44 547	45 366

En 1925, la balance commerciale faisait ressortir les importations et les exportations suivantes :

1. De 120 millions de dollars en 1868, le chiffre des affaires du Dominion est passé à 2 298 millions de dollars en 1927. Par le volume de ses échanges, il vient maintenant au cinquième rang parmi les nations, après la Grande-Bretagne, les États-Unis, l'Allemagne et la France.

TABLEAU.

| | Importations. | Exportations. |
	(Dollars.)	(Dollars.)
Produits agricoles et culturaux (excepté textiles et dérivés du bois) . . .	173 586 000	443 299 000
Produits dérivés de l'élevage (excepté textiles). .	41 492 000	163 031 000
Textiles et produits dérivés.	165 441 000	9 712 000
Bois et produits dérivés. .	38 185 000	253 610 000
Fer et produits dérivés . .	134 684 000	57 406 000
Autres produits métallurgiques.	41 112 000	90 371 000
Produits dérivés de minéraux non métalliques. .	131 013 000	20 729 000
Produits chimiques et alliages	24 760 000	16 210 000
Divers.	46 659 000	14 700 000
Total . . .	796 932 000	1 069 068 000

Le Canada est donc toujours grand exportateur de produits
agricoles et de produits manufacturés dérivés du bois. Il vient au
premier rang des exportateurs de blés avec 310 000 000 de boisseaux en 1926-1927 (contre 200 000 000 seulement en provenance
des Etats-Unis).

Sur cette balance commerciale, qui, ainsi qu'on peut s'en rendre
compte, se solde par un important excédent d'exportations, les
échanges les plus importants se sont faits avec les Etats-Unis (importations : 510 003 256 dollars; exportations : 417 457 171 dollars);
puis c'est l'Angleterre et ses colonies (importations : 104 millions
991 066 dollars; exportations : 475 140 259 dollars). Avec la France
et malgré tant de liens de sympathie qui unissent les deux pays,
le chiffre est faible (importations : 18 436 301 dollars; exportations : 10 290 063 dollars).

Et pourtant un grand effort de réaction a été fait au début de
notre décade. En 1921, un train-exposition français parcourut
tout le Dominion et présenta aux populations canadiennes le long
de leurs immenses voies ferrées les produits français; en 1923, les
produits canadiens rendirent la visite au moyen de leur train-
exposition automobile Renault, long de plusieurs kilomètres, et

qui parcourut sur 5 000 kilomètres les routes de notre belle France.

Par ce train, dont les stands avaient été judicieusement composés, le Canada cherchait à manifester qu'il était heureux d'offrir aux commerçants français depuis la lingerie pour dames jusqu'à la chemise pour hommes, depuis les fourrures jusqu'aux produits alimentaires les plus variés, en passant par tous les nombreux articles de mécanique, qu'il était non seulement un pays agricole à peu près unique au monde, mais encore un puissant État industriel.

Il faut espérer que, lorsque la crise des changes sera terminée et que les transactions pourront de nouveau se baser sur un échange de monnaies stables, les affaires entre la France et le Canada prendront l'extension souhaitée de part et d'autre, avec un profond désir d'aboutir, et que le *Commissariat général du Canada* à Paris, 17, boulevard des Capucines, émanation officielle du gouvernement du Dominion, sera consulté fréquemment et avec fruit par tous les organismes français désireux d'amplifier un courant d'affaires qui devrait être beaucoup plus important qu'il ne l'est présentement. Le Canada, pays neuf en voie de développement, à la veille de devenir un grand État commercial, est un marché dont les sympathies nous sont acquises pour plus de la moitié. Il ne tient qu'à nous de créer des courants d'échanges en manifestant de notre côté une volonté au moins égale. La place qui nous attend ne restera pas longtemps vide, si nous tardons davantage à l'occuper. (Voir à l'Appendice : le Régime douanier.)

Appendice

Nous avons réuni en un appendice quelques renseignements complémentaires destinés à ceux de nos lecteurs qui seraient heureux d'avoir des précisions sur certaines questions particulières.

A. Dates d'accession. Superficie et population des provinces

Provinces.	Dates de la création ou de l'accession.	Superficie en milles carrés.	Population en 1927.
Ontario	1er juillet 1867	365 880	3 187 000
Québec.	—	690 865	2 604 000
Nouveau-Brunswick .	—	27 911	411 000
Nouvelle-Ecosse . .	—	21 068	543 000
Colombie britannique	20 juillet 1871	353 416	575 000
Ile du Pce-Edouard .	1er juillet 1873	2 184	87 000
Manitoba	15 juillet 1870	231 926	647 000
Saskatchewan . . .	1er septembre 1905	243 381	836 000
Alberta.	—	252 925	617 000
Territoires	—	1 464 644	13 000

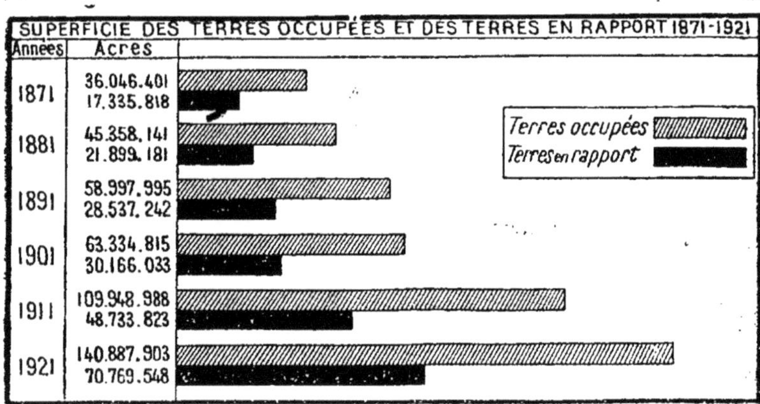

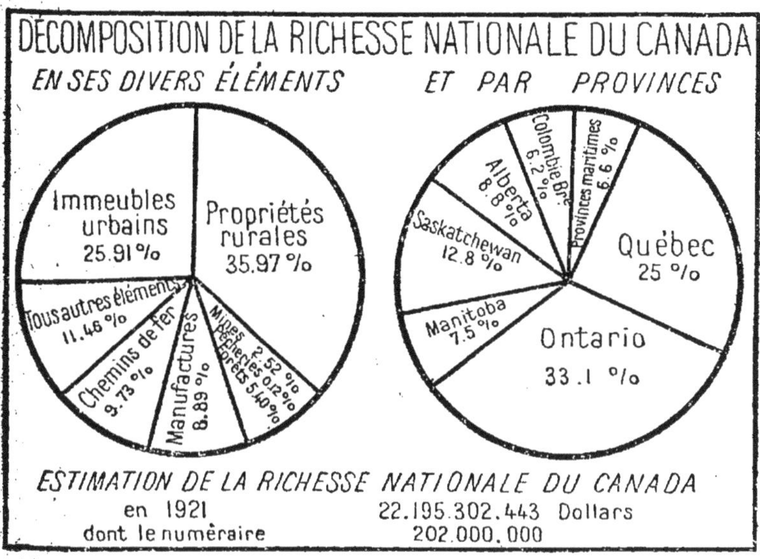

DÉCOMPOSITION DE LA RICHESSE NATIONALE DU CANADA
EN SES DIVERS ÉLÉMENTS   ET PAR   PROVINCES
Immeubles urbains 25.91 %
Propriétés rurales 35.97 %
Tous autres éléments 11.46 %
Chemins de fer 9.73 %
Manufactures 8.89 %
Mines 2.52 %
Pêcheries 0.12 %
Forêts 5.40 %
Colombie Brique 6.2 %
Alberta 8.8 %
Saskatchewan 12.8 %
Manitoba 7.5 %
Provinces maritimes 9.6 %
Québec 25 %
Ontario 33.1 %
ESTIMATION DE LA RICHESSE NATIONALE DU CANADA
en 1921   22.195.302.443 Dollars
dont le numéraire   202.000.000

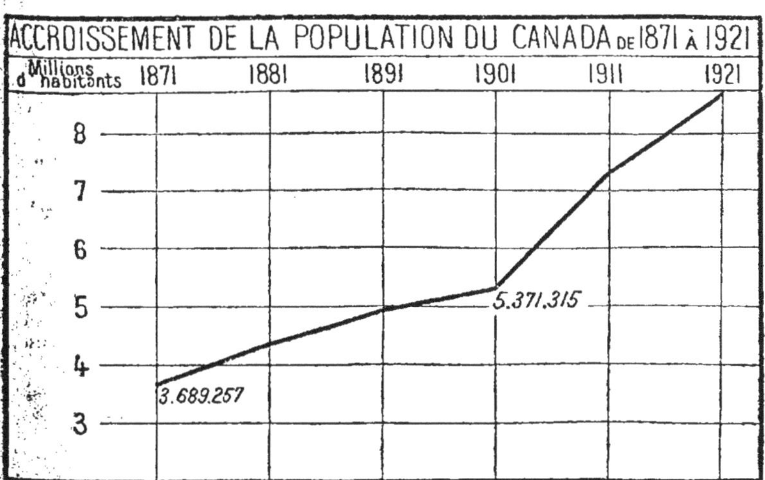

ACCROISSEMENT DE LA POPULATION DU CANADA DE 1871 à 1921
Millions d'habitants
1871   1881   1891   1901   1911   1921
8
7
6
5
4
3
5.371.315
3.689.257

Le recensement de 1881 avait révélé un gain de 635 553 âmes (ou 17,23 o/o), mais le vingtième siècle fut marqué, dès son début, par le *last best West*, ouverture à la colonisation de l'Ouest, dont la population double tous les dix ans. Le recensement de 1921 a fait ressortir sensiblement autant de citadins (4 352 122) que de ruraux (4 436 361).

B. *La Vie publique du Dominion.*

Gouvernement fédéral. — L'Acte de l'Amérique britannique du Nord déclare que le gouvernement exécutif du Canada continuera à résider en la personne du Souverain du Royaume-Uni (art. 9), représenté pour les fins fédérales par le gouverneur général et pour les fins provinciales par le lieutenant-gouverneur. Le gouverneur général gouverne avec l'aide du Conseil privé du roi pour le Canada, dont un comité constitue le ministère au pouvoir.

Le Parlement fédéral est constitué par le Roi, le Sénat et la Chambre des communes.

Pouvoirs du Parlement (art. 91 de l' A. A. B. N.). — L'autorité législative du Parlement s'étend notamment à : la dette et la propriété publiques ; la réglementation du trafic et du commerce ; le prélèvement de deniers (impôts et taxes) ; l'emprunt de deniers sur le crédit public ; la défense du pays ; l'organisation des services publics ; les questions monétaires et bancaires, etc.

Gouvernements provinciaux (art. 69 et suivants). — Dans chacune des provinces, le roi est représenté par un lieutenant-gouverneur nommé par le gouverneur général en Conseil, qui gouverne avec l'assistance de son ministère ou conseil exécutif, lequel est responsable envers la législature et démissionne s'il cesse de jouir de la confiance de ce corps. La législature se compose d'une seule chambre, c'est-à-dire une Assemblée législative élue par le peuple, hormis Québec et la Nouvelle-Ecosse qui possèdent, outre cette Assemblée législative, un Conseil législatif.

Pouvoirs des législatures provinciales. — Dans chaque province, la législature a le droit exclusif de légiférer sur les matières suivantes : amendements à la Constitution de la province, sauf en ce qui concerne le lieutenant-gouverneur ; taxation directe dans la province ; emprunts publics ; création de fonctions publiques, nomination des fonctionnaires et payement de leur traitement ; gestion et vente des terres domaniales de la province et du bois des forêts ; institutions municipales de la province ; travaux locaux et entreprises autres que les lignes interprovinciales et internationales de navigation, les chemins de fer, canaux, télégraphes ; lois relatives au mariage, à la propriété, à l'éducation, etc.

Administration et finances municipales. — Les municipalités sont créées par les gouvernements provinciaux. La base de leur organisation et leurs attributions varient suivant les provinces, mais presque partout elles possèdent des pouvoirs considérables d'autonomie locale. Si nous y comprenons les districts d'administration locale de la Saskatchewan et de l'Alberta, il existe plus de 4 100 municipalités au Canada. Ces 4 100 municipalités sont administrées par environ 20 000 personnages sous le nom de préfets, maires, contrôleurs, conseillers municipaux, etc. ; l'expérience qu'ils acquièrent dans l'administration municipale les prépare aux devoirs plus ardus de la vie publique provinciale ou fédérale. En fait, certaines grandes municipalités dépensent plus d'argent que les provinces. Par exemple, les dépenses annuelles de Toronto et de Montréal sont plus fortes que celles des provinces d'Ontario et de Québec.

Judicatures (art. 96). — La nomination des juges des cours supérieures, de district et de comté appartient au gouverneur général.

Finances fédérales. — Le tableau qui suit relève brièvement les revenus de la Puissance, le budget des dépenses et la dette publique nette depuis la première année de la Confédération jusqu'à présent.

Il montre que, grâce au rachat des chemins de fer et à leur meilleure organisation, le budget du Dominion revient vers des périodes régulières d'excédent.

Années.	Recettes budgétaires.	Dépenses budgétaires.	Dette nette à la fin de l'année.
	(8.)	(8.)	(8.)
1868	13 687 928	14 071 689	75 757 135
1871	19 335 561	19 293 478	77 706 518
1881	29 635 298	33 796 643	155 395 780
1891	38 579 311	40 793 208	237 809 031
1901	52 514 701	57 982 866	268 480 004
1911	117 780 409	122 861 250	340 042 052
1921	434 386 537	528 302 513	2 340 878 984
1926	380 745 506	355 186 423	2 389 731 099

La défense du territoire. — La défense du territoire du Dominion incombe, depuis 1923, à un ministère qui a fait siennes les attributions des anciens : *Department of Militia of Defence, Naval Service* et *Air Board.* Les questions y relatives sont examinées en Conseil de défense (*Defence Council*). Les forces militaires comprennent :

1° *Des forces permanentes* (Effectif maximum fixé par l'amendement de 1919 à 10 000 hommes, mais ne dépassant pas à l'heure actuelle 3 600 hommes) comprenant des détachements de toutes armes et des écoles d'instruction.

2° *Une milice active non permanente*, dont font partie actuellement
10 240 officiers et 117 273 hommes de troupe, astreinte à des périodes
d'instruction ;

3° *Une milice de réserve*, base de l'organisation militaire du pays
en cas de guerre, mais pour laquelle les périodes d'exercice et d'entraî-
nement sont facultatives et n'entraînent aucune dépense budgétaire.

Le maintien de l'ordre et le respect des lois est assuré, aux côtés des
polices provinciales et fédérale, par une *police montée (Royal Canadian
Mounted Police)*, qui a son quartier général à Ottawa et des subdivisions
dans tout le Dominion. Elle a notamment, dans ses attributions, la
surveillance de la pêche[1] et des Parcs nationaux, la lutte contre la
contrebande. Elle est à l'effectif de 53 officiers, 910 sous-officiers et
constables, 314 chevaux et 281 chiens policiers.

Le Dominion a quelques écoles militaires. La principal est le *Royal
Military College* de Kingston, dont la fondation remonte à 1876.

C. Quelques chiffres

I

Les grandes voies de communication

Longueur des routes	509 669 milles
Nombre d'autos en 1926	800 000
(dont : fabriquées au Canada)	205 000
Longueur des canaux	1 594 milles
Coût	189 000 000 de dollars
Réseau télégraphique	284 889 milles (25 mil-

lions de messages et revenu 11 millions de
dollars), se décomposant comme suit :

Réseau des Canadian National Telegraphs	110 806 milles
— des Canadian Pacific Telegraphs	124 619 —
— des Western Union	18 431 —
— Temiskaming and Northern Ontario Com-	
mission	1 935 —
— Algoma Central Railways	768 —
— Further Canadian National Telegraphs . . .	13 963 —
— North America Telegraphs Cy	454 —
— Dominion Government Telegraph System . . .	13 913 —

Câbles transocéaniques. — 6 (dont 5 atterrissant sur les rivages de
l'Atlantique et 1 sur celui du Pacifique) ; 6 millions de messages par
an.

T. S. F. Nombre de stations. — Gouvernementales, 34 ; et privées, 74[2].
— Nombre de messages émis en 1926, 40 000.

1. Avec patrouilles permanentes de bâtiments armés.
2. Principale Société : The Marconi Wireless Telegraph Cy.

Réseau téléphonique[1]. — 3 millions de milles de fil ; 1 million de postes ; capital engagé, 174 millions de dollars.

Postes. — Subdivisés en 15 districts et 12 370 bureaux.

Forêts, bois sciés, pulpes et papiers. — Évaluation du nombre total de pieds d'arbres : 482 075 000 000.
Produits des scieries en 1925 :

	Dollars.
Mesure de planche 3 888 920 000 pieds valant	99 725 519
Bardeaux, 3 161 459 000 valant	10 372 736
Lattes, 1 292 963 000 valant.	6 160 976
Bois à pulpe, 706 700 cordes valant.	9 160 976
Traverses de chemin de fer, 5 041 256 valant	3 474 944
Production de la pulpe en 1925, 2 772 507 tonnes valant.	100 216 383

(dont 962 033 tonnes pour l'exportation).

Elevage et exploitation de la faune canadienne. — Nombre de vaches laitières, 3 951 335.
L'industrie laitière canadienne doit sa force : 1° à l'adoption générale du principe coopératif ; 2° à l'établissement, dès 1896, de la réfrigération dans les entrepôts et les wagons ; 3° à l'emploi, dans les provinces de l'Est, du maïs fourrager comme ensilage, ce qui a permis d'augmenter la production hivernale du lait.

Animaux à fourrures. — Il y a actuellement 2 130 fermes à renards et 210 à élevage d'autres bêtes. Tout ce qui concerne la conservation et l'emploi de cet élément de richesse est du ressort du *Conseil consultatif de la protection de la vie sauvage*, créé en 1916 et d'initiative gouvernementale.

Pêche et conserveries :

Nombre de pêcheurs	58 000
Matériel valant.	25 000 000 de dollars
Nombre d'établissements de conserves.	850
Quantités de saumons traités.	1 933 260 quintaux
(69 saumoneries sur la côte du Pacifique).	
Quantités de harengs traités	2 413 973 quintaux
Quantités de morues traitées dans les pêcheries de l'Est.	2 309 000 quintaux
Pêches en homards des homarderies de l'Atlantique.	35 millions d'unités
Produit de la pêche en 1925	47 942 131 dollars

La pêche au saumon de la Restigouche, de l'Achigan, de Québec et

1. Inventé au Canada par Alexander Graham Bell.

des hautes terres de l'Ontario, de la truite du Nipigon, constitue un sport très apprécié et une source de revenus (location de pêches) très importante pour le gouvernement.

Agriculture et minoteries :

Boisseaux.

Récolte de froment 1925 . . . . 411 millions
—   —   1926 410   —

En 1926, les provinces des prairies (où les *Wheat pools* ou coopératives assurent une bonne vente des récoltes) ont fourni 82 p. 100 de la récolte totale d'orge et 57 1/2 de celle d'avoine. La Saskatchewan notamment a vu sa production totale passer de 4 p. 100 dès 1890 à 53 p. 100.

Production journalière des minoteries . . . .   125,000 barils
Nombre d'élévateurs et d'entrepôts en 1900. .   523 —
—   —   en 1926. .   4 416 —
Capacité totale de stockage en 1926. . . . . . 281 746 500 boisseaux

Production des mines en 1926 (métaux précieux) :

Dollars.

Or 36 141 891
Argent. 13 934 035

Électricité :

Capitaux investis en 1925 . . . . 726 000 000

Régime monétaire et banques. — Pendant la guerre de 1812, les populations canadiennes s'accoutumèrent à l'usage du billet. Dès la fin de la guerre, des banques naquirent. Ce furent successivement : en 1817, la Banque de Montréal ; en 1818, la Banque de Québec, la Banque du Canada (Montréal), la Banque du Haut-Canada (Kingston) ; en 1820, la Banque du Nouveau-Brunswick et une seconde Banque du Haut-Canada (York) ; enfin The Halifax Banking C° débuta en 1825 et la Banque de la Nouvelle-Ecosse en 1832. Puis l'on vit successivement naître la Banque de l'Amérique britannique du Nord, qui débuta au Canada en 1836, la Banque Molson en 1853, la Banque de Toronto en 1855, la Banque nationale en 1860, la Banque Jacques Cartier (devenue Banque provinciale du Canada) en 1862, la Banque Union en 1866, la Banque canadienne du commerce en 1867, la Banque des marchands d'Halifax (aujourd'hui Banque royale) en 1869, la Banque Dominion, en 1871, la Banque d'Hamilton, en 1872 ; la Banque d'Hochelaga, en 1873, la Banque d'Ottawa, en 1874, la Banque Impériale, en 1875, et la Banque Standard en 1876.

Les services rendus au commerce par les banques peuvent être appréciés par l'énonciation du nombre de leurs succursales. En 1868, il n'existait au Canada que 123 de ces succursales ; en 1902, 747 ; en 1905, 1 145 ; en 1916, 3 198 ; et en 1926, 3 770.

Le dollar canadien est un dollar or, pesant 25.8 grains au titre neuf-dixièmes, c'est-à-dire qu'il contient exactement 23.22 grains d'or fin. Des pièces d'or canadiennes de 5 dollars et de 10 dollars ont été frappées, mais en quantités restreintes ; dans l'ensemble, la monnaie canadienne est surtout constituée par des pièces divisionnaires d'argent, de nickel et de bronze représentant des fractions de dollar, ainsi que par les billets du Dominion et des banques, qui sont des multiples de dollars. La réserve d'or du Canada, garantissant les émissions de papier-monnaie, contient, outre des pièces d'or canadiennes, des pièces d'or de la Grande-Bretagne et des États-Unis qui ont, les unes et les autres, cours légal au Canada, aussi bien que des lingots.

Dollars.

Moyenne totale des billets émis par les banques à charte .   168 885 925
Moyenne totale des billets émis par l'État fédéral, . . .   190 004 824

Le régime douanier. — Le Canada a été le premier des dominions britanniques à accorder une préférence (de 12 1/2 p. 100 à partir d'avril 1897) aux produits du Royaume-Uni, et la réciprocité aux autres dominions et possessions britanniques. En 1898, la préférence donnée à la Grande-Bretagne a été portée à 25 p. 100, et en 1900, à 33 1/3 p. 100. Aujourd'hui, elle est applicable à tous les dominions et possessions britanniques, excepté Terre-Neuve, à qui le Canada accorde cependant le libre échange pour le poisson et ses produits.

En 1907, on créa un nouveau tarif douanier à trois échelons : préférence britannique, intermédiaire et général. Le gouvernement peut, par simple décret, accorder le tarif intermédiaire en tout ou en partie à tout pays étranger qui donne l'équivalent au Canada. Aujourd'hui, le Canada a des traités ou conventions de commerce avec la Belgique, la Tchécoslovaquie, la Finlande, la France, le Japon, l'Italie et la Hollande, et, en 1925, l'application du tarif intermédiaire a été étendue à l'Espagne. Par les clauses de « la nation la plus favorisée » de certains traités anglais, les marchandises des pays suivants bénéficient des traités français et italien quand elles sont importées au Canada, et les marchandises canadiennes reçoivent certaines concessions tarifaires à leur entrée dans ces pays :

France, Colombie, Norvège, Suisse, Royaume-Uni, Italie, Dominions et possessions britanniques, Possessions françaises, Union économique de Belgique et du Luxembourg et possessions, Hollande et possessions, Possessions italiennes, République Argentine, Danemark, Russie, Suède, Venezuela, Finlande, Tchécoslovaquie.

Bibliographie

Nous rendons ici un hommage reconnaissant aux publications que nous avons consultées et dont la parfaite documentation nous a permis de mettre au point la présente étude.

Heaton's Handbook 1926. (Heaton-Kortright Limited, 32, Church Street, Toronto.)

Annuaire-Statistique de la Province de Québec (imprimé par A. Proulx, imprimeur de Sa Majesté le Roi).

Monthly Report of the Trade of Canada, F. A. Ackand, Ottawa.

Science et Industrie (n° 123), 22, avenue Montaigne, Paris.

L'Exportateur français (n° 379), 1, rue Taitbout, Paris.

Le Canada et la France (1886-1911), publié par la Chambre de commerce de Montréal, à l'occasion du onzième anniversaire de sa fondation.

Le Canada, Empire des bois et des blés, par A. G. Bradley. (Paris, Roger et Cⁱᵉ, éditeurs, 54, rue Jacob.)

Les Industries minérales du Canada. (Division des Mines, Ministère des Mines d'Ottawa.)

Commercial Canada, its Progress and Opportunities et les brochures et livres édités par les *Canadian National Railways, 1, rue Scribe, Paris,* et *Canadian Pacific Railway, 7, rue Scribe, Paris.*

Soixante années de prospérité (1867-1927), édité par le Comité national de la célébration du Jubilé de Diamant de la Confédération, 106, rue Wellington, Ottawa.

Table des matières

Imprimerie J. Dumoulin, à Paris. — 498.2.28.

LA FRANCE AU TRAVAIL

A. LORBERT

IV. *Champagne, Franche-Comté et Jura*

(1926)

Reims et la Marne. La reconstruction de Reims. La Champagne et le champagne. Histoire du vin de Champagne. Le vignoble et les fabriques. Troyes et la bonneterie. Caractères actuels de la fabrication. Visite d'une grande teinturerie. La construction des métiers. La Haute-Marne et l'Aube agricoles. La coutellerie de Nogent. Fayl Billot et son école d'osiériculture. La préparation des osiers pour la vannerie. La Haute-Saône et Belfort : la construction électrique. Le Pays de Montbéliard. Besançon : visite d'une fabrique de chronomètres. L'Université de Besançon, Pontarlier. Le Jura du tourisme et de la houille blanche : les usines hydro-électriques et thermiques. Les ressources du sol et du sous-sol jurassien. Pâturages et alpages. Morez et Lons-le-Saunier : la lunetterie. Saint-Claude, capitale du simili-diamant et de la pipe. Oyonnax, pays du bijou de papier et de la pierre de lait.

A. LORBERT

V. *La Région du Nord : Nord, Pas-de-Calais, Somme, Aisne*

(1927)

Le martyre d'une région. Un pays qui renaît. Routes de mer et d'eau douce. Vers la capitale de la région du Nord : en traversant l'Amiénois, Lille et son extension, Roubaix, Tourcoing. En rayonnant autour de la capitale de la Flandre : vers Maubeuge et Laon. Le « Caillou » du Nord et du Pas-de-Calais : les mines d'Aniche, visite d'une fosse, une cokerie, usines de récupération. De la brique rouge au marbre blanc : une tuilerie-briqueterie moderne, la faïencerie, chaux et ciments, la verrerie, le marbre (carrières de Belgique et de France). La contribution du Nord à l'alimentation nationale : le sucre, le blé, la bière. Fils et tissus : fils à tisser et fils à coudre, tissus d'usage courant, d'élégance et d'art. Un formidable atelier de confections. Chimie et force motrice. Industries particulières à la région du Nord. Fers, fontes, aciers, hauts fourneaux, aciéries et laminoirs, la métallurgie du zinc, chaudronnerie, boulonnerie. La formation des cadres et l'esprit des chefs.

Chaque volume 14×20 avec pl. hors texte et carte. Broché.   14 fr. 40